Heinrich Ostrop

Erzähl mir von zu Hause

agenda

Heinrich Ostrop

agenda Verlag
Münster
2006

Bibliographische Information der deutschen Bibliothek

Die deutsche Bibliothek verzeichnet diese Publikation in
der Deutschen Nationalbibliografie;
detaillierte bibliografische Daten sind im Internet
unter http://dnb.ddb.de abrufbar

Drubbel 4, D-48143 Münster
Tel. +49-(0)251-799610, Fax +49-(0)251-799519
info@agenda.de, www.agenda.de
Layout und Satz: Julia Wesian
Umschlaggestaltung: Barbara Knievel
Druck und Bindung: SoWa, Warschau/PL

ISBN-10: 3-89688-285-6
ISBN-13: 978-3-89688-285-1

Inhalt

Vorworte

Prof. Dr. Kurt H. Biedenkopf

Heinrich Ostrop hat meinen Wunsch und den vieler Freunde erfüllt: Heinrich Ostrop erzählt von seinem „zu Hause“. Mancher – auch ich – wünschten, dass er noch mehr und noch weiter erzählt. Er selbst ist sich da nicht ganz sicher und meint, er habe seinem beruflichen und politischen Leben nichts „Großartiges“ nachzusagen. Was ja nicht stimmt, denn schließlich hat er viele Jahre mit großem Erfolg im Parlament, in seiner Partei, in der Wirtschaft und in der Bildungsarbeit gewirkt. Er will es anderen überlassen, ihm was „nachzusagen“.

Mit diesem Buch füllt er allerdings auch eine Lücke. Nämlich die Erklärung über seine Herkunft, über sein Elternhaus, seine Familie und über sein Leben in der düstersten Zeit der deutschen Geschichte.

Heinrich Ostrop und ich sind Freunde und wissen mehr voneinander als manche, die nebeneinander durchs Leben gehen. Beide haben wir uns Aufgaben verschrieben, die mit Politik zu tun haben. Aber wir haben sie nicht zum ausschließlichen Inhalt unseres Lebens werden lassen. Das hat uns unabhängiger gemacht und für manche Parteistrategen auch weniger berechenbar. Und wir haben in mehr als 30 Jahren viel gemeinsam erlebt. Unser Altersunterschied ist nicht so beträchtlich. Er war aber beträchtlich, als er siebzehn und ich zwölf Jahre alt war. Für Heinrich bedeutete es Zwangsrekrutierung zur Waffen-SS, Kriegsdienst, Verwundungen und am Ende das Wunder, wieder nach Hause kommen zu dürfen. Verletzt zwar an Leib und Seele, tief getroffen und verwundet von den Schrecken des Krieges und den Gräueln der Verbrechen, die im Namen der Deutschen begangen wurden. Aber offen und bereit, am Bau einer besseren Welt nach Kräften zu helfen.

Das Zuhause, von dem Heinrich Ostrop berichtet, berührt einen weiteren Unterschied zwischen uns beiden. Heinrich ist der Sohn eines westfälischen Bauern. Er war der erstgeborene Sohn von acht Kindern und damit schon vorab zum „*jungen Bur*“

bestimmt. Die Ostrops leben länger als 400 Jahre auf dem Hof. Sie haben Hof und Namen an viele Generationen weiter gereicht. Heinrich Ostrops Zuhause ist deshalb mehr als ein Haus, in dem eine Familie aus Vater, Mutter und Kindern lebt. Es war und ist eine Institution. Sie hat ihre Wurzeln in der Vergangenheit, ist in Generationen gewachsen, hat sich gefestigt, Regeln entwickelt, die das formale Familienrecht nicht ergänzen, sondern ausfüllen. Ihnen entspringen Pflichten und Verantwortlichkeiten, deren Geltungsgründe tiefer reichen als jene, die durch Rechtsnormen gesichert werden. Sie schaffen Bindungen, gegen die moderne Reformer Sturm laufen und Sicherheiten, nach denen sich dieselben Reformer sehnen und für die sie in ihrer Single-Einsamkeit und der Instabilität ihrer Lebenspartnerschaften vom Staat Ersatz erwarten. Dabei erkennen diese Reformer nicht, dass die Anonymität des Staatlichen niemals die Verlässlichkeit kleiner, auf belastbaren Familienbindungen gründender Lebenskreise ersetzen kann.

Natürlich geht auch meine Familie im väterlichen Teil auf bäuerliche Herkunft zurück. Aber sie kennt nicht die durch viele Generationen begründete Verwurzelung. Mein Elternhaus übte sich bereits in der Kunst der Mobilität: von Ludwigshafen am Rhein nach Schkopau bei Halle, nach dem Krieg über Ingelheim nach Wiesbaden und schließlich nach Troisdorf bei Siegen. Mein Zuhause war eher durch die enge Familie definiert als geschichtlich und geographisch. Aber gerade diese Unterschiede führten uns zusammen. Ich bewundere seine Lebenserfahrungen, auch jene als Soldat, die Kraft und Stabilität seiner Familie, insbesondere seiner Eltern und seine Wurzeln in der katholischen Heimat. Deren Selbstverständlichkeit erlaubt meinem Freund ein ungewöhnliches Maß an menschlicher Toleranz.

Was er in mir und meiner Biographie bewunderte, hat er mir manchmal mit Herzlichkeit, aber auch der gebotenen Zurückhaltung zu verstehen gegeben. So fanden wir zueinander und bereicherten uns gegenseitig. Viele seiner Lebensklugheiten und Weisheiten, oft in bilderreicher Sprache dargestellt, habe ich übernommen und reichlich verwendet. Umgekehrt interessierten meinen Freund meine wissenschaftlichen und politischen Analysen und meine ordnungspolitischen Vorstellungen. Und beide lernten wir die Gedanken des Anderen fortzuführen. Die

Beweggründe dafür findet der Leser auch in seinen Erzählungen von seinem Zuhause. Heinrich Ostrop lässt uns am Ende nur einen kurzen Blick auf all seine Tätigkeiten und Aufgaben nach dem Kriege werfen. Im Nachhinein verstehe ich nicht nur seine Zurückhaltung, sondern auch die Begrenzung, die er sich damit auferlegt. Tatsächlich ist es ein Bericht über sein Leben geworden. Denn was ihm die ersten 20 Jahre selbst gegeben haben und was aus der Geschichte seiner Familie und ihres christlichen Bekenntnisses mitbekam – eben die Koordinierung seiner Biographie, das hat sein ganzes Leben bestimmt. Sein Vertrauen auf die Tragfähigkeit der Fundamente und sein Wissen um die Kostbarkeit des Lebens und die eigentliche Bedeutung der kleinen wie der großen Dinge, der kleinen Lebenskreise und der Welt, in denen sie sich bewähren: Das ist es, wovon er seinen Kindern und uns allen erzählt. Einer Zeit, in der Entgrenzung und Relativierung herrschen und die Welt aus den Fugen zu geraten droht, will er seine Erfahrungen entgegen setzen. Sie haben sein Leben zu einem erfolgreichen Leben werden lassen. Dass dies möglich ist, das ist seine Botschaft. Er will uns Mut machen.

Übersee, im Dezember 2005

Fritz Pleitgen

Als ich 1993 zum Radio-Direktor des Westdeutschen Rundfunks gewählt werden sollte, musste der Rundfunkrat dazu seinen Segen geben. Heinrich Ostrop war ein hoch geachtetes Mitglied dieses ehrenwerten Gremiums. Entsandt von der CDU. Der Landtagsabgeordnete war ein überzeugter und überzeugender Werte-Konservativer, als Debatten-Redner bestens trainiert, konnte er stets mit voller Aufmerksamkeit rechnen, wenn er sich zu Wort meldete. Inhaltlich vertrat er nicht immer die Mehrheitsmeinung, aber mit der Art und Weise wie er argumentierte, wusste er die Sympathien und sogar die Lacher auf seine Seite zu bringen. Soll heißen: Zu seinen Waffen gehörte auch sein Humor. Heinrich Ostrop hatte sich im Laufe seiner Jahre als Rundfunkratsmitglied viel Wissen über Radio und Fernsehen angeeignet. Das spielte er gerne aus. Voller Esprit und einem Arsenal an rhetorischen Mitteln. Also Eigenschaften, die bei uns Rundfunkleuten hohes Ansehen genießen. Woher hat der Mann diese Gaben, habe ich mich damals gefragt. Aber seinerzeit kannten wir uns so wenig, dass ich mir nicht herausnehmen konnte, mich nach seiner persönlichen Geschichte zu erkundigen.

Ich weiß gar nicht, ob mich Heinrich Ostrop anno 93 überhaupt gewählt hat. Ein Mann seines Geschmacks war ich sicher nicht. Er hielt mich für einen verbiesterten Linken. Einen Linken an sich konnte er noch ganz gut verkraften. Aber ein Gräuel waren und sind ihm Menschen, die zum Lachen in den Keller gehen. Für genau so einen hielt er mich. Wie auch immer: ich wurde gewählt. Von da an lernten wir uns besser kennen. Ich legte gleich mit einer wilden Programmreform los, hinter der Heinrich Ostrop erst einmal einen ideologischen Angriff auf die Herzen und Hirne der Menschen in Nordrhein-Westfalen sah. Doch als er feststellte, dass die linken Rundfunkräte noch mehr Probleme mit meinen Vorstellungen hatten, da gewann der Mann aus Münster meiner Reform zunehmend gute Seiten ab. So wurde er mir mit klugen Ratschlägen ein wertvoller Helfer. Das umfangreiche Reformwerk passierte den Rundfunkrat und stellte die Weichen für das WDR Radio unserer Zeit.

In den Diskussionen redete Heinrich Ostrop nicht zu allem und jedem. Aber wenn er sich meldete, dann kam Musik in die Debatte. Wir von der Geschäftsleitung haben das genossen, obwohl er uns mit Witz, gelegentlich auch mit Sarkasmus und immer mit kompetenten Argumenten nicht selten in die Mangel nahm. Man merkte dem Mann an, dass er ein hohes Demokratie-Verständnis hat. Die Rolle des Rundfunks in unserer freiheitlichen Gesellschaft hat er immer für überaus wichtig gehalten. Schläfrigkeit ist ihm ebenso abhold wie Missionarstum. Er bürstet gerne gegen den Strich. Vor allem können ihn schnelle Urteile und fundamentale Meinungen fuchsteufelswild machen, die scheinbar auf *political correctness* beruhen. Das gilt nicht zuletzt für die Urteile und Vorurteile über unsere Vergangenheit im letzten Jahrhundert. So mahnte er die allzu Selbstsicheren, SS-Soldaten nicht samt und sonders zu Verbrechern zu erklären. Die Diskussion war entbrannt, als der amerikanische Präsident Ronald Reagan 1987 als Geste der Versöhnung zusammen mit Bundeskanzler Kohl einen deutsch-amerikanischen Soldatenfriedhof in Bitburg besuchte, auf dem auch SS-Angehörige ihre letzte Ruhe gefunden hatten.

Warum komme ich auf diese Geschichte? Heinrich Ostrop erzählt in seinen Erinnerungen, wie er als blutjunger Mensch gegen seinen Willen und gegen alle tapferen Anstrengungen seines Vaters in die SS zwangsrekrutiert wurde. Dieses Erlebnis gibt Aufschluss über eine Zeit, in die sich die Menschen von heute überhaupt nicht mehr hineinversetzen können. Der Widerwille, den Heinrich Ostrop gegen Zwang und Ideologisierung empfindet, hat in der Nazi-Zeit viel Nahrung erhalten. Der Mann ist tief in seiner Münsterlander Heimat verwurzelt, aber er besitzt einen weiten Horizont und gute Menschenkenntnis. Dazu mögen auch seine Erlebnisse im Krieg beigetragen haben, wenn sich Menschen unter extremen Bedingungen offenbaren.

Auch im reiferen Alter ist er immer wieder für Überraschungen gut, ob in Prosa oder in Gedichtform. Wir vom WDR haben von der Lebensklugheit Heinrich Ostrops sehr profitiert. Das Münsterland, wo die Wiege des Westdeutschen Rundfunks gestanden hat, genießt bei uns nicht zuletzt durch ihn einen besonderen Stellenwert.

Nun hat er seine Erinnerungen niedergeschrieben, auf seine Art; „Vergnügliches, Besinnliches, Nachdenkliches." Ostrop vermittelt den Eindruck des Dorfes, in dem er aufgewachsen ist, vor allem der bisweilen recht originellen Bewohnerinnen und

Bewohner, die er den Leserinnen und Lesern humorvoll näher bringt. Wohl wahr! Die Geschichte seiner Jugend hat mich sehr interessiert. Sein Leben hat wie bei mir begonnen: zu Hause im Bett der Mutter. Bei mir war es eine enge Stadtwohnung, bei ihm ein Bauernhof, den seine Familie seit über 400 Jahren bewirtschaftet. „Er hat alle Bedrängnis überstanden, nicht nur den Dreißigjährigen Krieg und die Französische Revolution", heißt es in Ostrops Erinnerungen. Mehr will ich nicht verraten. Lesen Sie selbst. Es lohnt sich.

Köln, im Dezember 2005

Ganz persönlich

Seit langer Zeit habe ich mir vorgenommen, über mein Leben zu berichten. Häufig nahm ich mir vor, endlich damit zu beginnen. Dann dachte ich auch, es könne sich noch „Großartiges“ tun, das unbedingt festgehalten werden müsse. Nun bin ich einundachtzig Jahre und ich sollte mich auch mit dem „Kleinartigen“ zufrieden geben, denn die Zeit, in der ich schreiben kann, schrumpft täglich um einen ganzen Tag. Mit dem Bericht folge ich dem Drängen meiner Kinder und dem Wunsch einiger Freunde. Einem von ihnen bin ich besonders dankbar: Wolfgang Brüggemann, Hochschullehrer und – wie ich – viele Jahre Abgeordneter im Düsseldorfer Landtag – meint, die letzten Zeitzeugen seien verpflichtet, der jüngeren Generation Bericht zu geben über das, was sie gesehen, was sie erlitten, was sie getan oder was sie nicht getan haben. Er hat dies getan und ich sei auch verpflichtet. Denn bald gäbe es keine Mütter mehr, deren Söhne nicht wiederkehrten. Auch an deren Stelle sollte denen, die in einer besseren Welt aufgewachsen sind und in Frieden leben dürfen, ein ehrlicher Einblick vermittelt werden, damit die Generationen voreinander bestehen können.

Viele Jahre war ich im Parlament und in der Christlich Demokratischen Union der Stellvertreter von Kurt Biedenkopf. Es war für mich eine fruchtbare Zeit und in seinem Vorwort zu diesen Erinnerungen gibt Biedenkopf zu Protokoll, für ihn sei das auch so gewesen. Für mich war es eine Genugtuung, diesen Mann als ersten Ministerpräsidenten des Freistaates Sachsen und als hervorragenden Gestalter der praktischen Wiedervereinigung zu erleben. Er hat noch immer „was zu sagen“ – auch zu mir.

Ich habe Fritz Pleitgen, den Intendanten des Westdeutschen Rundfunks, in vielen Sitzungen der Gremien des WDR kennen gelernt. Unsere Meinungen gingen nicht selten auseinander. Völlig einig aber waren wir uns in dem Respekt voreinander. Das findet auch seinen Ausdruck in dem sehr wohlwollenden Vorwort zu dieser Schrift.

Zu Anfang wusste ich gar nicht, was ich schreiben sollte. Natürlich keine Autobiografie im üblichen Stil. Dafür braucht man einen größeren Namen. Auch eine Sekretärin, die ein solches Werk an Hand der Notizkalender zusammenschreibt. Und schließlich auch den Wunsch, in die Geschichte einzugehen. Bei mir langt es nicht. Nein, ich will nur denen, die mir sehr eng verbunden sind, etwas mehr von mir und meinem Leben erzählen. Bestimmt berichte ich über manches zu wenig, natürlich auch über vieles zuviel. Auf jeden Fall ganz persönlich.

Was meine Erinnerungen angeht, so nutze ich auch einige Dokumente, die sich in meinem Besitz befinden. Im Übrigen bin ich nicht sicher, ob ich mein Wachen und Träumen vor einem Gericht zu beeiden in der Lage wäre. Ich brauche es ja auch nicht. Ich traue mir da selbst nicht ganz, denn Erinnerungen bestehen ja nicht nur aus Daten und Fakten, sondern auch aus Wunschbildern, die man sich zu Eigen gemacht hat. Wenig Erfreuliches verdrängt man zu gern und wer weiß, wie oft ich meine Träume zur Wirklichkeit gemacht habe. Ich will also meine eigenen, ganz persönlichen Bilder von mir und meinem Leben zeichnen. Aus meiner Sicht also, ohne literarischen Anspruch, aber mit dem Bemühen, es ehrlich zu tun. Später soll man sagen können: Er war tatsächlich so, wie es in und zwischen den Zeilen steht.

Dann sollte ich noch sagen, dass ich vor einigen Jahren nicht auf die Idee gekommen wäre, einen solchen Bericht zu schreiben. Dies ist anders geworden seit damals, als mein Herz nicht mehr schlagen wollte und mir die Puste wegblieb. In den Krankenberichten steht, man habe mich „reanimiert". Es war wohl so, dass man mich zurück ins Leben geholt hat – und zwar in ein anderes. Ich will – wenn es denn reicht, am Ende noch darüber berichten. Jetzt nur soviel: Ich werde das Gefühl nicht los, dass sich außer tüchtigen Ärzten und ganz lieben Menschen da noch ein anderer eingemischt hat. Nicht nur bei meinem Herzinfarkt. In seinem Namen will ich – wie dies in meiner Familie seit einigen hundert Jahren üblich ist – mit meiner Sache beginnen.

Zuhause

Geboren bin ich natürlich zu Hause. Zu Hause, das ist immer noch mein Elternhaus, der Bauernhof an der Lippe, auf dem die Ostrops mindestens seit 400 Jahren leben. Dort bin ich noch oft in meinen Träumen. Längst aber ist auch das Haus am Pastorenbusch in Nienberge eine liebe Heimat, wo einst auch Annette von Droste-Hülshoff in ihrem Rüschhaus lebte und wo unsere vier Kinder aufgewachsen sind. Mein erstes Zuhause war meine Mutter. Zuhause, das war damals auch Mutters Bett. Meine Mutter verstand was vom „Kinder kriegen", wofür es ja außer mir noch ein halbes Dutzend lebendige Beweise gibt. Unser Bruder Ludger musste nach schlimmer Krankheit seine junge Familie schon früh verlassen. Seine beiden Kinder haben ihren Vater kaum kennen gelernt. Seine junge Frau war ihren Kindern eine tapfere Mutter.

Obwohl vor mir schon meine Schwester Maria geboren war, stand meine Ankunft doch unter besonderen Zeichen. Denn schließlich ist nach Sitte und Erbrecht (jedenfalls damals), der erstgeborene Junge der Erbe des Hofes. Das war auch vernünftig, denn so konnten die Väter den Hof rechtzeitig an ihren ältesten Sohn übertragen – was einige trotzdem nicht taten. Der Erstgeborene brauchte den Hof auch nicht Stück für Stück unter seinen Geschwistern zu teilen (bei uns hätte jeder fünf Hektar geerbt). Dann war es auch noch ein Stück Standesehre, den Hofesnamen ununterbrochen zu erhalten, wozu nach damaliger Vorstellung nur Männer geeignet waren. Den Ostrops ist das 400 Jahre lang gelungen und die Aussicht ist begründet, dass es so weiter geht.

Ich war also von Geburt an ein Glied der privilegierten Klasse der Erstgeborenen und insofern mit vernünftigen Bedingungen ausgestattet. Auch die körperliche Konstitution von *„de junge Bur"* soll schon von den ersten Tagen an zu der Hoffnung Anlass gegeben haben, dass er die genannten hohen Erwartungen an einen Stammhalter erfüllen würde. Zu jener Zeit, als das Kind geboren ward, arbeiteten einige Holzfäller aus Vinnum im benachbarten Selm bei meinem Onkel Hubert Schulze Weischer in den Wäldern (die Ähnlichkeit mit einem gewissen Text ist rein zufällig). Die Nachricht von meiner Geburt wurde nicht mit

Halleluja, aber doch mit einem gewissen Respekt verkündet: „*De junge Bur hätt' Füst es Kloppspön*".

„*Kloppspön*" sind die ganz dicken Späne, die besonders tüchtige Holzfäller beim Fällen der Bäume aus den Stämmen schlagen.

Mutter selbst war eine stattliche Bäuerin. Obwohl sie mich reichlich nährte, muss ich wohl noch mit Zusatzfutter gepfropft worden sein. Das hatte Folgen. So habe man meine Handrücken zu einer dicken Wölbung formen können und auf die Frage, was denn das sei, habe das prächtige Kind geantwortet: „Peck". „Speck" war also sein erstes Wort und muss es wohl über Gebühr lange geblieben sein. Von einer geistigen Entwicklung ist nämlich nichts überliefert. Wohl habe der Stammhalter im schon vorgerückten Kindesalter immer seine Schwierigkeiten gehabt, nach einem Plumps alleine wieder aufzustehen. Eine Eigenart, die er auch in späteren Jahren nicht völlig abgelegt hat. Die Fotos aus dieser Zeit zeigen ein gut genährtes Kerlchen. Immer in einem schicken Matrosenanzug. Das war nicht sein Alltagskleid, sondern das Beste, was er hatte und was er tragen durfte, wenn es zu Tanten und Onkels auf Visite ging, vor allem aber, wenn der Junge „geknipst" werden sollte.

Ostrops Hof in Vinnum

Unser Rudel

Aus dieser frühen Kinderzeit habe ich nur verschwommene Erinnerungen an meine Geschwister. Sehr bald nach mir wurde eine kleine Agnes geboren, die schon in der Wiege sterben musste. Sie hatte eine Gehirnhautentzündung. Wir müssen wohl sehr traurig gewesen sein. Irgendwo gibt es ein Bild, wie ein Baby in seinem weißen Sarg liegt. Das kleine Gesicht ist ganz bleich und die Haare ganz schwarz. Als ich viel später das Märchen von Schneewittchen hörte („weiß wie Schnee, rot wie Blut und schwarz wie Ebenholz"), dachte ich immer an meine kleine Schwester. Es war so etwas wie eine „märchenhafte" Trauer.

Wir bekamen dann wieder eine kleine Agnes, denn Mutters Name musste sich selbstverständlich unter ihren Kindern wieder finden. Das Haar von „Agnes II" war wohl nicht so schwarz wie das der toten Schwester. Das hat meiner Mutter und der Familie zu einer – wie ich heute weiß – sehr feinen Unterscheidung zwischen den beiden „Agnesen" verholfen: Wir sprachen nämlich nie von der toten, sondern immer nur von der *„swatten"* Agnes. Die lebende Agnes – jetzige Frau Baum – war nach meiner Erinnerung lebhafter und kribbeliger als Maria und ich. Man konnte sie recht gut ärgern. Dann weinte sie nicht nur Tränen, sondern auch Rotz, was für mich eine Bestätigung dafür war, eine ungezogene Schwester zu haben. Sie hat sich diese Rolle dann aber später auch mit einiger Bereitschaft aufschwätzen lassen. Jedenfalls behauptet sie noch heute mit einer gewissen Koketterie, man habe sie wegen Trotz und Rotz immer wieder in die Geschirrkammer gesperrt.

Man muss wissen, dass die Geschirrkammer der düsterste und grauslichste Verschlag auf dem ganzen Hofe war. Nur eine Art Bullauge ließ spärliches Licht herein und die Tür konnte nur von außen geöffnet werden. Es war, was Unkundigen gesagt werden muss, nicht eine Kammer für Essgeschirr, sondern für Pferdegeschirre. Genau so stellte ich mir ein finsteres Verlies in einer Raubritterburg vor oder auch die Zelle, in der die Gauner und Pferdediebe eingesperrt wurden, bevor sie an den Galgen mussten. Durch das kleine Kläppchen wurde ihnen dann die Henkersmahlzeit hingeschoben. Ich stellte mir immer vor, ich säße darin, wäre ein Pferdedieb und sollte morgen früh gehängt werden. Und dann noch eine Henkersmahlzeit – nein danke! Jedenfalls ist mir der Appetit schon bei weitaus weniger dramatischen Anlässen vergangen.

Die heutige Tante Agnes besteht also darauf, hauptsächlich in dieser Finsternis erzogen worden zu sein. Das ist der Stoff, aus dem man Helden, Heilige und Märtyrer machen kann und ich bin nicht bereit, dies ohne Widerspruch geschehen zu lassen. Was natürlich unser gutes herzliches geschwisterliches Verhältnis bis auf den Tag nicht trüben kann. Wie überhaupt in unserer Familie ein meist neckischer Umgangston und fröhliche Sprüche nicht die Ausnahme, sondern die Regel waren. Unserm Vater muss das sehr gefallen haben. Sonst hätte er nicht so fröhlich mitgemischt. Zu Mutters Aufgabe gehörte es dann, uns mit gespielter Besorgnis aus der Albernheit zurückzuholen in den Ernst des Lebens.

Was nicht immer gelang. Ich hätte gern gehört, was sich Papa und Mama erzählten, wenn sie über die Erziehung ihrer Kinder sprachen. Es kann sein, dass sie überhaupt nicht darüber sprachen, weil sie ihr väterliches und mütterliches Bemühen um die Kinder nicht in Seminaren erlernen mussten. *„Et sitt de drin“*, pflegte man in unserer plattdeutschen Vater- und Muttersprache zu sagen. Unsere Sprache war noch nicht belastet mit dem heute gängigen, pädagogischen Vokabular. Unsere Eltern konnten sich auch noch nicht auf Kinderkrippen und Kindergärten und Vorschulklassen als ergänzende Bildungsstätten verlassen. Bei uns war alles hausgemacht.

Die nächsten Geschwister kamen, wie sie wollten. Ihre Ankunft wurde auch nicht angekündigt. Allerdings schöpfte ich bei Mutters letzter Schwangerschaft schon vorher Verdacht. Als Maria, unsere jetzige Tante Maria Woltering in Lette, mich eines morgens weckte und glaubte, mir eine ganz große Überraschung ankündigen zu wollen, fühlte ich mich längst aufgeklärt und war daher auf alles gefasst. Es gab nach meiner genauen Erinnerung folgenden Dialog:

Maria: „Ro es, watt wie hefft“.
Ich: Ne „Deen“.
Maria: „Vekatt!“
Ich: „Segg bloß en Jungen?“
Maria: „Vekatt“.

Da war ich am Ende meiner Vorstellungen, bis Maria mich mit dem Schrei erlöste:

„*Twee Jungs!*“

Das war für mich die beste Nachricht meiner Kindheit, denn bis dahin schämte ich mich immer ein wenig, weil wir vier Mädchen und nur zwei Jungens waren. Nun war diese Schande mit einem Schlag – oder mit zwei – getilgt.

Im Staub die Christenschar

Meine ältere Schwester Maria stand immer in Verdacht – der sich auch bestätigte – musikalisch zu sein – und zwar sehr! Deshalb erhielt sie nicht nur Klavierunterricht, sondern fuhr auch nach Waltrop, um Harmonielehre zu nehmen. Ich wusste damals noch nicht, was Harmonielehre ist. Ich vermutete, es handele sich um die Lehre, ein Harmonium spielen zu können. Schließlich gibt es ja auch eine Bäcker- oder Schreinerlehre. Nur war ich sicher, dass im ganzen Dorf niemand eine Schwester hatte, der Harmonielehre erteilt wurde. Ich konnte also konkurrenzlos damit angeben. Maria hat ihr Talent nicht zur eigenen Glückseligkeit, sondern auch zu größeren Ehre Gottes genutzt. Etwas schlichter ausgedrückt: sie spielte in unserer Kirche das Harmonium – das hatte sie ja auch in Waltrop gelernt. Das Harmonium hatte ein reicher Onkel aus Essen gestiftet. Er hatte seinen großen Wald an die Stadt Essen verkauft und war Millionär. Welch' ein Segen für die Vinnumer Kirche, dass er schon bald zur guten Tat geschritten ist, denn er wurde so plötzlich arm, wie er reich geworden war: Die Inflation 1923 kam ihn teuer zu stehen.

Schwester Maria blieb unberührt von der tragischen Geschichte ihres Harmoniums und spielte munter drauf los. Mit dieser Tätigkeit ist sie generationenübergreifend bis auf den Tag in unsere Kirchengeschichte eingegangen. Deshalb muss es auch hier erwähnt werden. Die Vinnumer Kapelle gehörte zur Pfarrgemeinde Olfen. Der Pastor Harrier war ein besonders kerniger Bauernsohn mit etlichen priesterlichen Onkels und einem Dutzend Tanten, die sich in Klöstern der ganzen Welt verdient machten. Alle Pastöre dieses Geschlechts – man nannte sie *„Härr-Öhms"* (Herren-Onkels) – hatten sich nicht nur in der Seelsorge, sondern auch in der Förderung der Landwirtschaft verdient gemacht. Der Onkel unseres Pastors – er war auch Pastor – lehrte die Bauern seiner Pfarre in Groß-Reken nicht nur das Wort Gottes, sondern auch den Anbau von Stickstoff bildenden Pflanzen, was auf den sandigen Böden des Westmünsterlandes ein Segen wurde, der nur noch durch das Weihwasser bei der Flurprozession – auch das vom Pastor gespendet – komplettiert zu werden brauchte. Die armen Sandbauern hätten es auf diese

Weise mit Gottes Hilfe und des Pastors Segen zu einem gewissen Wohlstand gebracht.

Auch unser Pastor hatte von Hause her viel Verständnis für Akkerbau und Viehzucht. Er, der Erbe eines großen Hofes, hatte verzichtet, um im Weinberg des Herrn zu ackern, zu rackern, zu pflügen und zu ernten und vor allem das Unkraut zu verbrennen. Letzteres mit Leidenschaft. Darüber hinaus war er ein Liebhaber moderner Kunst und schwebte etwas abgehoben über dem Geschmack seiner Herde. Deshalb ließ er eines Tages (man behauptet, es sei Nacht gewesen) den verschnörkelten Hochaltar der Pfarrkirche einfach abräumen, um die Anschaffung eines modernen anzuordnen. Das war nach dem Verständnis jener, deren Großeltern das Schnitzwerk gestiftet hatten (Ostrops waren auch dabei) eine Art Kirchenschändung. Es sollen an mehreren Sonntagen einige Kirchenbänke leer geblieben sein.

Noch schlimmer trieb er es mit der Gestaltung eines neuen Kreuzweges in der weiten Flur. Die Nazis haben die Stationen zur „entarteten Kunst“ erklärt. Die Bauern, die auf dem Weg zur Kirche am Kreuzweg vorbei gingen, waren sich in diesem Punkt mit den Nazis einig. Mindestens hatten sie einen besseren Geschmack als ihr Pastor. Sie drückten sich aber besser aus. Das seien, meinten sie, *„Hampelmänkes“* und vor denen ein Kreuzzeichen zu machen, kam nach ihrem Geschmack einer mittleren Gotteslästerung gleich. Meinem Vater war es sehr peinlich, dass auch sein Geschmack eine gewisse Ähnlichkeit mit dem der Nazis hatte, was sich allerdings auf diese Ausnahme beschränkte. Eine gewisse Übereinstimmung in Sachen kirchliche Kunst erfuhr er allerdings durch die Engländer. Als diese Engländer 1945 meine Pfarrgemeinde eroberten, schossen sie auch auf die Kreuzwegstationen. Mein Vater soll vermerkt haben: *„Ick kannt de Tommys nich üwel niemen“*.

Übel genommen hat er den Engländern aber, dass er und seine ganze Familie unseren Hof räumen mussten. Dabei hatte Papa doch zum ersten Mal in seinem Leben eine Fahne gehisst – eine weiße. Man kam bei Nachbar Pinnekämper unter. Als Mama den von den Engländern besetzten „Ostrop-Hof“ aufsuchte, um noch wichtige Papiere in ihrer Schürze fort zu tragen, musste sie über *„de beste Stouf“*. Auf Mutters bester Stube lagen die englischen

Soldaten und schossen ihr mit Gummischleudern Bonbons an den Leib. Vater war sehr zornig. Er hatte sich die Befreiung anders vorgestellt.

Jeweils am Anfang des Jahres kam unser Pastor zu einer Art Visitation nach Vinnum. Schwester „Harmonika Maria" fürchtete diesen Besuch, denn unser Pastor war bei allem Verständnis für moderne Kunst von keiner anderen Muse geküsst worden. Er war nicht nur unmusikalisch, sondern absolut atonal. Das wussten alle, nur er selber nicht. Deshalb befand er auch frohgemut – bei der Vorbereitung des Hochamtes in der Sakristei: „Maria, wir feiern heute ein Hochamt. Dat lütt so schöin". Es war ein Graus! Für die Lästerer, von denen es nicht wenige gab, ein Schmaus. Einer befand, dass Pastor Harrier im Verbund mit meiner Schwester Maria in der Lage sei, die letzte Kirchenmaus in die Flucht zu schlagen.

Nun geht man nicht in die Kirche, um musikalische Spitzenleistungen zu genießen oder Mäuse zu verjagen, sondern um das Wort Gottes zu hören. Pastors Botschaft bestand hauptsächlich aus einer Art Jahresbilanz mit folgenden Eckdaten: Zahl der Gläubigen, Zahl der Kirchgänger, Zahl der Sterbefälle und Zahl der Geburten und der Taufen. Wenn die Zahlen der Gläubigen und die der Kirchgänger annähernd deckungsgleich waren, brach kein Grollen herein über die frommen Häupter. Kritisch dagegen war die Bekanntgabe der Zahl der Geburten, auf die gewisse Kreise des Kirchenvolkes einen sehr natürlichen Einfluss hatten. Mehr jedenfalls als auf die Sterbefälle.

Und es begab sich zu jener Zeit, dass die Zahl der Geburten das langjährige Mittel nicht erreicht hatte. Der Pastor mahnte deshalb sehr dezent (es waren ja Kinder in der Kirche), diesen Zustand auf geeignete Weise zu ändern. Da spitzten selbst die Laumänner hinten im Turm die Ohren. Sogar die Jungmänner, die doch nicht gemeint waren, bekundeten im anschließenden Frühschoppen bei „Mutter Althoff" ihre Entschlossenheit, nach den Worten ihres Pastors zu handeln und verkündeten: „*Moun geiht debi, de Pastor hett seggt*". Allein diese Haltung spricht doch für eine innige Verbundenheit zwischen Kirche und Leben in meinem Heimatdorf – was von Auswärtigen oft scheinheilig und hochnäsig bestritten wurde.

Noch einmal zurück ins Vinnumer Gotteshaus. Die Predigt

war überstanden und Schwester Maria griff in die Tasten, dass es durch die Kirche brauste: Hier liegt vor deiner Majestät im Staub die Christenschar ...

Da geschah ein mittleres Wunder, besser eine Art Tragödie, in jedem Falle eine Sensation, von der noch heute im zweiten Jahrtausend in Vinnum die Rede ist. Unsere Muttergottes mit dem Jesuskind thronte hoch oben auf einem Sockel über dem Harmonium und der Organistin Maria Ostrop. Plötzlich, aber ganz langsam, und dann immer mehr, verneigte sich das fromme Bild dort oben vor der *musica sancta* unten und stürzte dann mit einem riesigen Knall auf unser Harmonium und auf meine Schwester Maria. Zum Glück im Unglück bestanden unsere Gottesmutter und auch das Jesulein aus Gips und es blieb nichts als eine Staubwolke und tausend Gipssplitter auf Harmonium und Tasten und auf dem unschuldigen Haupt der lebenden Maria, meiner großen Schwester. Und nun beginnt ein Akt, der bisher noch nicht zur Ehre der Altäre gelangt ist, aber Eingang gefunden hat in die Geschichte meiner Heimat: Meine Schwester Maria fegte nämlich mit Händen und Füßen alle Reliquien und allen Schutt und Schmutz von Harmonium und Tasten, schüttelte sich den Staub aus Haar und Angesicht, griff unbeirrt in die Tasten, guckte noch einmal gen Himmel in der Furcht, dass noch mehr Heilige vom Himmel kämen und spielte wie eh und je zu größeren Ehre Gottes und ihrer Namenspatronin: „Hier liegt vor deiner Majestät im Staub die Christenschar".

Bischof Lettmann sollte – meine ich – doch mal untersuchen lassen, ob es hier mit irdischen Dingen zugegangen ist. Meine Mitbürger in Vinnum glauben noch heute, dass es ein Wunder war. Also die wichtigste Voraussetzung für die Einleitung eines Prozesses, an dessen Ende wir Vinnumer alle nach Rom pilgern werden.

Nun hat die Sache aber ein Nachspiel, welches sich nicht recht einordnen lässt in dieses fromme Spektakel. Unter Umständen könnte es im Prozess zur Verklärung meiner Schwester Maria hinderlich sein. Wir hatten nämlich einen ungeheuer deftigen Zimmermann in Vinnum, der nicht nur seinen Plattmann liebte, sondern sich auch deftig auszudrücken pflegte. Wenn er auf Ostrops Hof beschäftigt war, bekam er einen Teil seines Lohnes in Naturalien. Soll heißen: Es dürstete ihn sehr und er bekam in kurzen Abständen einen Schnaps ins *Pinken*. Die Prozedur begleitete er mit einer sehr ernsten Warnung: „*Jung, wenn du wat vöbi schütts, dat is schlimme, es wenn in Köln de Dom umfällt*". Er wusste auch auf seine Art das Niederkommen der Gottesmutter auf meine Schwester Maria zu deuten und stellte mit verblüffender Logik einen lästerlichen Zusammenhang her zwischen Pastors Mahnungen betreffend Kinderzahl und dem Sturz unserer Madonna: „*De More Gotts ha jö ok blos een Blag und da is se vö Schreck van de Wand sprungen*".

Un Heinz bi Mama

Es könnte nun der fatale Eindruck entstehen, als wenn Martha und Mathilde nicht zu solchem oder ähnlichem Spektakel veranlagt gewesen seien. Es geriet nur nicht an die große Glocke. Es spielte sich nicht in der Öffentlichkeit ab wie die große Tat unserer großen Schwester in einem Hochamt im Gotteshaus. Von Paul ganz zu schweigen. Allein schon wegen des Umstandes, dass Paul im Falle der Untauglichkeit des Erstgeborenen der geborene Bauer sein musste. Es ist immer gut, wenn ein Erbhof noch einen Onkel in der Hinterhand hat – eine Art Eingreifreserve. Das wäre bei Paul fast schief gegangen als er sich eine kochend heiße Kaffeekanne über den Leib schüttete. Niemand von uns hat je so laut geschrieen wie der arme Kerl und – falls er freundlicherweise seinen Oberkörper entblößen würde – dann sieht man noch heute, dass er reichlich Gründe hatte, ganz jämmerlich zu brüllen. Er hat sich damit getröstet, sich in guter Gesellschaft mit jungen Pferden zu befinden, denn die bekommen auch ihren Fohlenbrand und können ein Leben lang beweisen, welcher Abstammung sie sind. Überall aber, wo die Nachricht von der Geburt unserer Zwillingsbrüder Ludger und Berthold verbreitet wurde, hielten sich vor allem die Frauen mit staunendem Stöhnen die Hand vor den Mund, weil die beiden Burschen Berthold und Ludger jeder für sich mehr als acht Pfund gewogen haben. Ich jedenfalls war sehr stolz, obwohl ich mir kaum richtig vorstellen konnte, wie ein Kind zur Welt kommt. Aber gleich zwei und dann von diesem Kaliber.

Die erste Besichtigung im Lünener Krankenhaus hat mich damals richtig aufgewühlt. Zu allem Überfluss wurde das Erlebnis dort noch durch eine Sensation draußen am Himmel angereichert. Dort kreuzte das Luftschiff „Graf Zeppelin". Diese riesige fliegende silberne Zigarre löste bei ihrem Erscheinen überall Schreie des Entzückens und des nationalen Stolzes aus. So etwas hatten nur die Deutschen! Alles hing in den Fenstern des Krankenhauses und jubelte. Nur Tante Julchen, Vaters Schwester, blieb gelassen auf Mutters Wochenbettkante sitzen und die Aufforderung, doch auch das Wunder zu bestaunen, wehrte sie tapfer ab: *„Wenn Agnes* (also meine Mutter) *den Zeppelin nich sahn draf, dann will ick* *ne ok nich sahn*". Das hat mich damals sehr beeindruckt. Tante Julchen, sie wohnte in Meckinghoven bei Datteln, wurde später krank und hat bis zu ihrem Tode viele Monate im Bett verbringen müssen. Wenn wir sie besuchten, hatte ich – in Erinnerung an die Zeppelin-Geschichte immer eine gewisse Scheu, durchs Fenster zu sehen.

Dabei gab es bei Luthen – sie hatten einen Mühlenbetrieb – immer sehr viel zu sehen. Unsere „kleinen Jungs" zogen natürlich mehr Aufmerksamkeit auf sich als die anderen, zumal sie auch die Jüngsten blieben. Für Mutter war es eine ziemliche, wenn auch liebe Last, acht Kinder zu versorgen. Nur gelegentlich half Papa aus – wenn, dann auf seine Art. An einem heißen Sommertag stellte er fest, dass seine Zwillingssöhne sich sozusagen synchron in die kurzen Lederhosen gemacht hatten. Er packte einen nach dem anderen, nahm einen Wasserschlauch, steckte Letzteren oben ins Beinkleid und spülte solange bis unten klares Wasser herauskam.

Vater sorgte dann auch dafür, dass Trudis ins Haus kam, ein damals junges Mädchen aus Netteberge. Trudis war mit ihrer Aufgabe, eine Art Zweitmutter zu sein, nicht zufrieden. Sie schnappte unserer Mutter die beiden kleinen Kerle weg, wo sie nur konnte. Als Mutter einmal Anspruch erhob, die beiden am Samstagabend selber baden zu wollen (Kinderbaden muss für alle Mamas ganz herrlich sein!), verließ Trudis wütend die Eifersuchtsszene und ging ins Bett. Viele Jahre später hat sie erzählt, dass Mutter ihr nachgegangen sei und sie um Verständnis gebeten habe mit dem Hinweis: „*Trudis, et sind doch ok mine Jungs.*" Zweitmutter Trudis ist schon lange tot. Bis an ihr Ende aber hat sie „*use kleinen Jungs*" sehr geliebt. Ich kann mich nicht erinnern, dass eines von uns acht Kindern jemals einen Mangel an Hilfe oder Fürsorge verspürt hätte. Ich weiß von daher, dass Mütter ihre Liebe nicht durch die Zahl der Kinder teilen müssen. Mit jedem Kind wächst ihnen soviel hinzu, dass es für alle reicht. Jedenfalls bei unserer Mama. Wenn wir morgens zur Schule gingen, gab es an der Haustür noch einen Klaps auf den Po. Und Mama sagte: „*In Gotts Namen schlo de Mäs op.*" Diesen frommen Gruß entnahm unsere Mutter dem schönen Bild der jungen Kälber, wenn die im Frühling aus dem Stall in die Weide sprangen und lebenslustig *de Mäs* hochschlugen.

Ich selber war alles andere als ein ganzer Kerl, der sich früh für seine Bestimmung als Stammhalter und Erbe ausgezeichnet hätte. Man hätte mir nicht unrecht getan, wenn ich als Muttersöhnchen erkannt worden wäre. Ich war es tatsächlich.

Weil Jungens und Mädchen schon mal „durcheinander“ schlafen wollten, was sich nach Mutters Vorstellungen selbstverständlich „nicht gehöre“, gab Mutter für dieses Problem eine verbindliche Regel heraus, sie lautete: „*Jungs bi Jungs und Deens bi Deens*“. Und angeblich hätte ich stets hinzugefügt „*un Heinz bi Mama*“. Tatsächlich habe ich oft nachts mein Zimmer verlassen, um unter Vortäuschung großer oder kleiner Wehwehchen in Mutters Bett zu kriechen. Das entsprach nicht der Hausordnung, denn im Schlafzimmer der Eltern hatte nur das jeweils Jüngste sein Schlafrecht. In einem weißen Gitterbett, das an dem Fußende der Elternbetten stand.

Meine Sehnsucht nach mütterlichem Schutz hatte übrigens einen ganz konkreten Hintergrund: Es gab damals einen berühmten Amerikaner namens Charles Lindbergh. Er hatte in einem kleinen, einmotorigen Flugzeug in 36 Stunden wie keiner zuvor den Atlantik überquert. Das Flugzeug hieß *Spirit of St. Louis*. Unter *Spirit* verstand ich Spiritus. Später hatte ich eine kleine Dampfmaschine, die auch mit Spiritus geheizt wurde – mit dem gleichen Stoff, mit dem Charles Lindbergh den Atlantik überquert hatte. Ich war so stolz: ich und Spiritus und Charles Lindbergh.

Diesem Lindbergh war damals von einer Bande sein einjähriger Sohn als Geisel entführt worden. Der Junge ist nie zurückgekehrt. Dieses Ereignis hat mich zutiefst aufgewühlt und oft schlaflos gemacht. Ich bin heute (nach meinen persönlichen Erfahrungen in einem depressiven Abschnitt meines Lebens) davon überzeugt, dass solche Ängste tiefe Spuren hinterlassen können. Damals habe ich mich geschämt, meine Ängste zu gestehen und erst in meinem Alter weiß ich, dass meine Mutter mir – ohne je von Sigmund Freud oder anderen Seelenkundlern zu wissen – geholfen hätte.

Mutter war ohnehin eine sehr begabte Mutter mit beinahe übernatürlichen Heilkräften. Wenn eines von uns krank war und Fieber hatte, dann setzte sie sich geduldig an unser Krankenbett und tat nichts anderes, als ihre Hand auf die heiße Stirn zu legen. Ich spüre heute noch, wie gut das tat. Geschlagen wurde niemand, einen Klaps konnte man sich schon mal einfangen.

Für Vater galt das Gleiche – mit einer Ausnahme: Auf dem Heimweg von einem Besuch bei Luthes – von Tante Julchen war schon die Rede – gingen wir über eine lange Strecke an einem im Bau befindlichen Schifffahrtskanal entlang. Es hatte gefroren und in dem noch nicht gefluteten Bett des Kanals standen einige Pfützen, die mit einer festen Eisschicht bedeckt waren. Vater und Mutter hatten erlaubt, dass ich darauf schlittern durfte, während die beiden unten am Damm des Kanals weiter gingen. Durch eine Reihe von Missverständnissen verloren wir uns aus den Augen und fingen an, uns in panischer Angst zu suchen. Schließlich bin ich auf einem ganz anderen Weg nach Hause gerannt – weinend, atemlos und aus anderer Richtung kamen Papa und Mama sichtlich von gleichen Todesängsten gezeichnet wie ich. Da ich mich völlig schuldlos fühlte und auch tatsächlich war, hoffte ich nun auf großen Jubel und erntete stattdessen eisiges Schweigen. Als wir über die große Tenne ins Haus treten wollten, geschah etwas Ungeheuerliches: Mein Vater gab mir eine richtige Ohrfeige. Ich konnte vor Tränen kaum noch sehen und habe mich neben unseren Wohnzimmerschrank in eine Nische gestellt und geheult wie nie zuvor und nie danach. Plötzlich fühlte ich, wie sich eine Hand ganz sachte auf meinen Kopf legte, eine andere Hand mir die Tränen wischte. Es war selbstverständlich Mutter, die ganz sachte sagte: *„Heinz, nu ist chut.“* Tatsächlich brachte sie es fertig, ohne Erklärung, ohne Entschuldigung oder gar Vorwürfe mich von diesem Schock zu lösen, nur mit ihrer stillen und unendlich guten Hand. Ich habe später oft über dieses Unrecht nachgedacht – es ist übrigens meines Wissens das einzige geblieben, das ich durch meine Eltern erfahren habe – und habe auch gedacht, warum Vater nicht zu mir gekommen ist. Heute bin ich ganz sicher, dass er sich geschämt und ebenso sicher, dass seine Frau ihm diesen schweren Gang abgenommen hat.

Ansonsten sind wir hauptsächlich im Rudel und nicht in Einzelsitzungen erzogen worden. Der Mittagstisch eignete sich vorzüglich für das Einüben des „Benimm“. Jeder hatte nach Alter oder Hilfsbedürftigkeit seinen festen Tischplatz. Vorne an der Stirnseite saß Vater, das natürliche Haupt der großen Familie. Mutter saß an der Längsseite in der Mitte, eingerahmt von den Kleinen, die noch gefüttert werden mussten. Mutter bat nie, ihr etwas anzureichen. Sie legte einfach stumm die Hände in den

Schoß und wartete auf die Dinge, die da kommen mussten – und natürlich auch kamen. Sie nahm von einem Fleischteller immer genau das Stück, das vor ihr lag: ein stummes Vorbild, bei dem es keine andere Lösung gab, als es nach zu machen.

Knechte und Mägde

An unserem Familientisch saßen auch die Mägde. Die Knechte aber an einem besonderen Tisch. Dies war kein soziales Gefälle. Eher kriegten die Knechte ein Stück Speck zusätzlich. Nein, die Trennung von Knechten und Mägden entstand eher aus der Besorgnis, dass sich diese zu nahe kommen könnten. So schliefen die Knechte auch auf einem Boden, dem *Bjün* an der Tenne, während die Mägde von der Küche aus direkt auf ihre Kammer gingen. Die Regel *„Jungs bi Jungs un Deens bi Deens"* konnte so am besten eingehalten werden.

Bei meinen Erinnerungen dürfen unsere Knechte nicht ungeschoren davon kommen. Sie spielten bei unserer Erziehung eine wichtige, wenn auch illegale Rolle. Was Papa nicht so sagen konnte, vermochten die Knechte in knapper und sehr einprägsamer Form auszudrücken.

Das Fluchen zum Beispiel hätte ich nie richtig gelernt, wäre ich allein auf Papa angewiesen. Auch gröbere Sachen nicht. Die Knechte zeigten mir, wie weit ein richtiger Kerl spucken kann. Übertroffen wurden sie nur in den Ferien, wenn mein Vetter Theo Luthe – er wollte Priester werden – dieses Kunststück präsentierte: er konnte senkrecht gen Himmel spucken und es mit dem Munde wieder auffangen.

Der Höhepunkt der Männlichkeitsprobe aber bestand im Weitpinkeln, was selbstverständlich unter Ausschluss der Öffentlichkeit stattfand. Die Knechte behaupteten, sie könnten in der Tür des Pferdestalles stehend bis zur Hinterwand pinkeln, und stachelten meinen Ehrgeiz wirksam an. Ich habe es wiederholt mit Nachdruck versucht, schließlich aber wegen Erfolglosigkeit eingestellt. Diesen Misserfolgen vermochte ich noch eine gute Seite abzugewinnen: Ich begab mich nicht länger leichtsinnig in Gefahr, „Unkeuschheit" zu treiben, was mein Schuldbekenntnis bei der Hl. Beichte beachtlich verkürzte.

Zu den Knechten gehörte meist auch ein Piccolo, ein gerade schulentlassener Junge. Nicht selten kamen sie für ein oder zwei Jahre zu uns und, wenn sie sich bei guter Kost und leichter Arbeit Manns genug waren, dann gingen sie in die Kohlegruben nach Datteln oder Waltrop. Einer von ihnen, der als Piccolo bei uns angefangen hatte, kam als Invalide wieder zurück auf unseren Hof. Es war Mertens' Terro. Wegen seines üppigen Schnauz- und Kinnbartes nannten wir ihn Buschräuber. Buschräuber alias Mertens' Terro war 25 Jahre lang täglich mit dem Fahrrad 20 Kilometer weit zum Pütt gefahren und hatte wie die meisten seiner Kumpels Silikose, also eine Steinstaublunge. Terro schnappte oft nach Luft. Sogar beim Lachen blieb ihm manchmal die Puste weg. Aber Buschräuber konnte alles, denn er war Schachthauer gewesen, konnte also mit jedem Werkzeug umgehen. Deshalb war Buschräuber bei Ostrops ein sich selbst leitender Angestellter.

Er konnte zimmern, schreinern, mauern, die Sensen dengeln, die Messer der Mähmaschinen schärfen und hatte auch tolle Ideen. Zum Beispiel empfahl er meinem Vater, doch jedes Jahr mindestens zwei Morgen Disteln zu säen. Disteln seien das nahrhafteste Schweinefutter. Seine Frau ging auch über unsere Felder, um Disteln für den Schweinepott zu stechen. Der Umstand, dass Terro sich über viele Disteln auf Ostrops Feldern freute und Papa sich darüber ärgerte, tat dem freundlichen Verhältnis der beiden keinen Abbruch.

Buschräuber brachte mir auch bei, wie man einen Nagel schlägt, wie man Buschen macht, Docken bindet, Leinen dreht und Spatzen fängt. Wenn er einen gewissen Erfolg seiner Lehrtätigkeit verspürte, pflegte er zu sagen: „*Seg dine Blagen, dat hätt mi de sege Buschräuber bibracht.*"

Der Buschräuber war aber auch an einem dramatischen Ereignis auf unserem Hof ursächlich beteiligt. Im Winter waren er und Knecht Franz dabei, im Holzschuppen Ordnung zu machen. Dort lag noch ein Haufen von Baumstämmen, die man nicht spalten konnte. Papa hatte ausdrücklich angeordnet, dass man diese Stämme nicht mit der Kreissäge bearbeiten dürfe. Terro und Franz sahen das aber anders. Mit dem bösen Erfolg, dass Franz entsetzlich brüllte: er hatte sich den Zeigefinger abgesägt. Mutter wickelte in ihrer Not ihren ganzen Lappenvorrat um die Hand des armen Franz, Papa hatte schon das Pferd in der Kutsche und im Galopp ging es nach Olfen zu Sanitätsrat Dr. Reinhold. Terro, der von Berufs wegen in solchen Dingen eine gewisse Erfahrung hatte, konnte das den Appetit nicht verderben. Er erschien wie immer zum zweiten Frühstück in der Küche und ließ es sich schmecken. Mama stand noch unter Schock und zu allem Überfluss fiel ihr ganz was Schlimmes ein: „*Terro, um Gott's willen, wo is dann den Finger bliewen?*" Terro gab bereitwillig Auskunft: „*De hew ik an de Eik näigelt fo de Meesen.*" Mutter hat diese Tat ihr Leben lang als schändlich oder gar als sündhaft empfunden. Es empfahl sich nicht, in ihrer Gegenwart über dieses Unglück auch noch Scherze zu machen Sie hätte bestimmt keine kirchliche Bestattung von Franzens abgesägtem Finger angeordnet, aber den Teil eines Menschen als Vogelfutter zu verwenden – „*Nee, so geit nich!*"

Es besteht wegen des reichen Vorrates von Erinnerungen an Buschräuber die Gefahr, dass ich nicht zu meinen eigenen Erinnerungen zurückfinde. Deshalb seien abschließend noch zwei dorfbekannte Leistungen von Mertens' Terro genannt. Er war Meister in der Kükenaufzucht: Holzkiste, Eintagsküken drin, Mist in ausreichender Dichte drauf, Luftloch oben, Thermometer rein, warten bis man Hahn von Henne unterscheiden kann, und verkaufen.

Und Schnaps brennen konnte er. Man nehme Zuckerrüben oder Roggenschrot, fülle es in eine Milchkanne, stelle diese bei Ostrops zum Gären in den tiefen Mist im Kuhstall (Terro selbst hatte nur Ziegen) und fülle Hefe und geheimnisvolle Flüssigkeiten bei, um dann das Ganze eines Nachts zu destillieren. Beim Schnapsbrennen durfte man sich nicht erwischen lassen, genau so wenig wie bei der Wilddieberei. Beides war im Rechtsverständnis von Terro nur verboten, weil die hohen Herren dem einfachen Mann das nicht gönnten. Wilddieberei war nach Vinnumer Rechtsempfinden auch nur streng verboten und strafbar, wenn auswärtige Wilddiebe tätig wurden. Diese wurden von ihren Vinnumer Berufskollegen gnadenlos verfolgt, geschnappt und an den Olfener Schutzmann überstellt nach der Parole „*Use Revier mot sauber bliewen*!"

Öhms un Tanten

Es wird hohe Zeit, nun auch noch anderen Bürgern von Vinnum ein Denkmal zu setzen. Ich erzähle von Tante Hanna, der unverheirateten Schwester meines Vaters. Von ihrem Stand gab es auf jedem Hof eine oder auch mehrere – soweit sie nicht ins Kloster gingen. Es waren die unverheirateten Schwestern des Bauern. Ihre Zahl war natürlich in der Regel größer als der Bedarf an Bäuerinnen, wozu man in der Regel ja nur eine junge Frau pro Hof benötigte. Natürlich lernten alle Töchter die Küche und Hauswirtschaft – je größer der Hof, je feiner war auch die Töchterschule. Das änderte nichts an dem Gesetz von Angebot und Nachfrage. Der Heiratsmarkt (ich bitte für die flapsige Beschreibung dieses wirklich großen sozialen Problems um Entschuldigung) war nicht ausgeglichen. Da – wenn auch nicht nach ehernem Gesetz, aber doch nach einer gewissen Regel – zumeist innerhalb der sozialen Schichtung geheiratet wurde, ging ein beachtlicher Teil der „Tanten" ins Kloster, in die Krankenhäuser, auch in die Mission in ferne Länder. Und die anderen blieben oder wurden Tanten auf dem Hof. Man gab sich große Mühe, das Leben dieser Tanten zu verklären. Bei soviel Kindern und soviel Arbeit brauche jeder Hof mindestens zwei gelernte Bäuerinnen – ohne die Mägde – oder auch so etwas wie eine Reservemutter. In Wirklichkeit kann das Tantenleben nicht reizvoll gewesen sein, denn es ist kaum vorstellbar, dass eine junge tüchtige Frau in diesem Dasein ihre Erfüllung fand. Vergleichbares galt natürlich auch für die nachgeborenen Söhne des Hofes. Über die *Öhms* machte man sich gerne ein wenig lustig. Übrigens wurde mein jüngerer Bruder Paul von Kind an, wenn nicht von seinen Eltern oder uns, aber doch allgemein *Öhm* genannt. Zum Unterschied von mir, dem Erstgeborenen, der von Geburt an *de Bur* geheißen wurde. Man darf getrost vermuten, dass viele *Öhms* und Tanten ein zwar gottergebenes Leben führten, ihr Schicksal aus heutiger Sicht aber nicht die eigentliche Erfüllung des Lebens sein konnte. Wie viele Talente hier im wörtlichen Sinne nicht entdeckt, also freigesetzt und entwickelt wurden, kann man nur erahnen. Wer weiß, ob es nicht hier und da hinter den münsterländischen Wallhecken zu einem großen Lehrer, zu einem Wissenschaftler, zu einem begnadeten Künstler oder gar zu einem Nobelpreisträger gereicht hätte.

Mutter hatte in ihrem Elternhaus zwei unverheiratete Schwestern. Tante Lisbeth hat ein Tagebuch hinterlassen, in dem eine Frau Gestalt gewinnt, die mit feinen Sinnen durch ihr Leben gegangen ist. Ich bin überzeugt, dass eine Veröffentlichung einen tiefen Eindruck auf uns Zeitgenossen machen würde. Nicht nur, weil eine fromme Frau aus dem Herzen spricht (heute sagt man Bauch). Die Notizen wecken auch eine gewisse Bitterkeit, weil Tante Lisbeth ihre Talente nicht entfalten konnte. Mit ihrer Schwester, Tante Hanna, verhielt es sich ähnlich. Sie lebt noch heute in einem Pflegeheim in Olfen. Unseren beiden Tanten wurde allerdings noch eine Aufgabe zuteil, die sie mit unendlicher Liebe und Hingabe erfüllten. Auf Ickrodts Hof – also im Elternhaus meiner Mutter – wurde ein Junge geboren, der vom ersten bis zu seinem letzten Tag gelähmt war an allen Gliedern. Er war keineswegs geistig behindert, hatte wache Augen und offene Ohren. Es ist buchstäblich unbeschreiblich, wie die beiden Tanten 27 Jahre lang mit ihrem Neffen lebten. Was andere vielleicht auf einer besonderen Schule lernen müssen, einem solchen Kind ein würdiges Leben zu bereiten, das konnten unsere Tanten – ich muss es so sagen – aus dem Herzen. So schlüpfte eine der Tanten stets in die Rolle von Heinrichsken, vertrat ihn in seiner ganzen Erbärmlichkeit, spielte die Rolle des Dolmetschers für den sprachlosen Jungen. Und Heinrichsken hatte seine helle Freude, weil die beiden Tanten auf geheimnisvolle Weise aus ihm, mit ihm, und für ihn sprachen. Als Heinrichsken dann sterben musste, waren Tante Hanna und Tante Lisbeth tief traurig. Sie hatten ihr Kind verloren.

Wir aber auf Ostrops Hof hatten auch eine Tante Hanna. In der Küche hatte sie zwar nicht das Oberkommando, aber den Speiseplan bestimmte sie. Es ist sicher höchst ungerecht, wenn ich ihre Kochkunst noch immer für durchschnittlich halte. Vater hat mich ein wenig zu dieser schäbigen Beurteilung verführt, denn er mochte auch nicht alles mit gleicher Freude essen. So gab es zum Beispiel eingelegte Vizebohnen, nach deren Genuss er mir vertraulich mitteilte, dass dies *Stinkgemös* sei. Er vertraute darauf, dass sein Ältester von ihm auch den Geschmack geerbt hatte und war sicher, dass ich ihn bei Tante Hanna nicht verpfeifen würde. So entstand unser erstes Vertrauensverhältnis.

Tante Hanna hatte einige, wenn auch wenige Privilegien. Samstags backte sie einen großen Kaffeekuchen. Der wurde nicht zu Quadraten oder Rechtecken geschnitten, sondern zu Rauten. Auf diese Weise – meinte ich jedenfalls – gab es nicht so viele Ränder, die wir nicht mochten, weil auf ihnen die Krümel fehlten. Um diese ging es ja. Wenn das große Kuchenbrett leer geputzt war, blieben auf dem Brett im Keller noch einige der Krümel liegen, die nach ungeschriebenem Recht unserer Tante Hanna gehörten. Sie kratzte sich diese in ihren Kaffee – hochverdient, wie wir alle wussten.

Nur einmal nicht. Ich kam auf die infame Idee, mir diese Krümel wegzuputzen und stattdessen die ähnlich aussehenden Schriewen, die bei Herstellung von Schmalz gebliebenen fettigen Reste, auf Tante Hannas Kuchenbrett zu streuen. Daraus wurde natürlich ein Fettnäpfchen im doppelten Sinne. In solchen Fällen kam Vater, dem solches natürlich berichtet wurde, seinem Erziehungsauftrag pflichtschuldigst nach und hat mich in Gegenwart von Tante Hanna gescholten. In Wirklichkeit hatte er seine Freude an solchem Schabernack. Vielleicht war er ein wenig betrübt, weil er nicht selber auf diese Idee gekommen war.

Wir hatten aber auch Onkels, zwei sogar. Vaters Bruder Karl, war etliche Jahre bei uns zu Haus, bis er zu seiner Schwester, der schon erwähnten Tante Julchen, in deren Mühlenbetrieb ging. Onkel Karl hatte Talente in Fülle, nur keine Gelegenheit, sie anzuwenden. Er war bestimmt der erste Radiohörer in Vinnum. An seinem Bett stand eine Kiste mit Drähten und bunten Birnen. Wir durften die Kiste bewundern, aber nicht aus der Nähe. Onkel Karl behauptete, man könne mit den Ohrenschützern etwas hören, sogar Musik. Ich habe aber nur schreckliches Krächzen in Erinnerung, das Onkel Karl sogar laut und leise stellen konnte. Er vergaß auch schon einmal, die Kopfhörer abzunehmen und schlief trotzdem fest und lange.

Onkel Karl war ein Meisterschütze. Er beteiligte sich erfolgreich an Schießwettbewerben und kam fast immer mit einer Trophäe nach Haus. Ein ganz großes gerahmtes Bild des Reichspräsidenten Paul von Hindenburg hing viele Jahre in unserem Wohnzimmer. An den würdigen schwarzen Rahmen hatte man ein blitzendes Schildchen genagelt: „1. Preis – Paul von Hindenburg". Onkel Karl hatte auch mehr Hirsch- und Rehgeweihe gewonnen als Platz an den Wänden war. Viel später, wir wohnten schon in Nienberge, schenkte er uns einen Sack voller Geweihe aus seinem Depot. Meine Frau mochte diesen Wandschmuck nicht, zumal ein Zwölfender den Spinnen ein phantastisches Sportfeld anbot. Die Trophäen lagerten im Keller. Wenn aber der Verdacht bestand, dass Onkel Karl uns besuchen würde, nagelten wir schnell einen Bock an die Wand. Schließlich verdiente Onkel Karl meine Hochachtung: ich war sein Patenkind.

Als störend empfand Onkel Karl, wenn im Stockwerk unter ihm nächtens die Kinder schrieen. Da soll er einmal wütend durchs Fenster in Richtung Ehezimmer gerufen haben: „*Schmiet dat Os dört Fenster.*" Ich bin ziemlich sicher, dass es einmal mehr meine Schwester Agnes war. Weil ich sie aber schon weiter oben nicht nur lobend erwähnt habe, kommen an dieser Stelle auch meine Schwestern Martha und Mathilde infrage. Es kann aber auch Paul gewesen sein. Wenn Onkel Karl noch lebte, würde ich das zu klären versuchen. Seine Antwort lautete bestimmt: „*De wären alle so!*"

Vaters zweiter Bruder hieß mit Taufnamen Franz. Weil er aber Ingenieur war bei Adam Opel in Rüsselsheim, hieß er Onkel Opel. Auf Onkel Opel waren wir ziemlich stolz. Wir hatten ihn auch besonders gern, weil er zum Urlaub kam – er ging zu Fuß vom Bahnhof Bork – und gern ebenerdig durch ein offenes Fenster bei uns stieg, um dann wie eine überirdische Erscheinung aus einem Schlafzimmer zu kommen. Mehr noch: Er hatte in seinem Koffer ein ganzes Schokoladen-Sortiment und wir durften richtig satt Schokolade essen. Mama bemühte sich, das Gelage einzuschränken. Sie befürchtete, dass ihr Bemühen, die Kinder zur Bescheidenheit zu erziehen, durch Onkel Opels Einmischung Schaden leiden könnte. Sonst gab es nur Schokolade von Tante Julchen. Eine Tafel geteilt durch acht Kinder. Und fast hätte ich es vergessen, Schokolade gab es auch, wenn ich bei Tante Bergmann schlief.

Onkel Opel erkrankte an Lungentuberkulose. In einer damals noch sensationellen Operation wurde ihm von dem berühmten Chirurgen Professor Sauerbruch ein Lungenflügel entfernt. Er musste seinen Beruf aufgeben und kam zu uns in sein Elternhaus zurück. Onkel Opel war im Dorf bald unentbehrlich. Jedermann im Dorfe kannte einen, der sich Opel nannte... Er reparierte alles.

Spezialität: Nähmaschinen. Aber auch Standuhren, Motorräder und sogar das einzige Auto in Vinnum, des Schneiders Hanomag. Onkel Opel konnte einfach alles. Er spielte meisterhaft Klavier und Orgel. Man holte ihn zu Konzerten in andere Kirchen. In Vinnum hatten wir nur ein Harmonium. Das bediente er in den Messen in beinahe frevelhafter Freiheit. Nach dem Sanctus phrasierte er das Largo von Händel so innig und ausgedehnt, dass der Pastor (sehr unmusikalisch!) nervös von einem Bein auf's andere trat: Er musste die Wandlung verschieben. Dabei konnte der Pastor froh sein, dass Onkel Opel nicht das Halleluja von Händel noch hinterher schickte.

Onkel Opel erhielt auch von Papa den ehrenvollen Auftrag, seinen Ältesten musikalisch zu erziehen. Zu der Zeit hatten wir noch kein Klavier, mussten also in der Kirche unser Harmonium benutzen. Onkel Opel versah mich dann mit einer Lektion, mit der ich zu trainieren hatte. Der Erfolg war bedrückend. Wir kamen bald zu der übereinstimmenden Erkenntnis, dass der Schüler von keiner Muse geküsst war. Er kann sich auch nicht entsinnen, dass ihm später dieses Glück zuteil wurde. Soweit er sich erinnern kann, war nie eine Muse dabei.

Eines Morgens lag Onkel Opel tot in seinem Bett. Er war schmerzlos eingeschlafen. Wenn es nach mir gegangen wäre, hätte auf dem Totenzettel auch was von Adam Opel in Rüsselsheim gestanden und dass unser Onkel Opel dort Autos gebaut hat. Ob er im Himmel auch Autos bauen kann, weiß ich nicht. Aber Orgeln und Geigen und himmlische Chöre gibt es dort zuhauf. Da ist Onkel Opel gut aufgehoben.

Unser Papa

Von Vater wird noch viel zu berichten sein. Aber an dieser Stelle will ich schon sagen, dass er ein froher Mensch war, der den Gesang liebte und die Natur, der unzählige Geschichten kannte, von denen er sicher einen großen Teil selbst erfunden hatte. Zu bestimmten Ereignissen fiel ihm immer eine plattdeutsche Redensart oder ein Sprichwort ein. Gab es irgendwo einen Widerstand, den man auch mit geballter Kraft und ohne Risiko nicht brechen konnte, dann sagte er: „*Giegen en Klistier kas nich pupen.*" Hatte er es mit einem Schlaumeier zu tun, dann bemerkte er selbstironisch: „*In de Fixigkeit büs du mich über un in de Richtigkeit bin ich dich über.*" Bei einem schmerzlichen Ereignis kam er mit dem Trost: „*Et geht alles vorüber*", *sag de Foss. Do tröcken se em dat Fell öiwe de Ohnen.*" Hörte er eine dumme Entschuldigung, dann zitierte er: „*Wenn de Bur nich schwemmen kann, dann ligt an de Badebüx.*"

Papa wusste von fantastischen Dingen sehr glaubhaft zu erzählen. Er beschrieb genau, an welcher Stelle des Lippeufers er selbst gesehen habe, wie ein verlauster Fuchs sich seiner Peiniger entledigte. Reineke nahm ein Büschel Gras in den Fang – Laien nennen das Schnauze – ging ganz langsam rücklings in die Lippe. Die Läuse scheuten den Ertrinkenstod und flohen in das Grasbüschel. Meister Reinecke aber warf mit großer Geste das Gesindel samt Grasbüschel in die Fluten. Wenn Vater nicht auch noch behauptet hätte, er habe gesehen, wie der Fuchs schadenfroh gelacht hat, dann hätte ich die Sache doch ernster genommen.

Friedrich Wilhelm Webers *Dreizehnlinden* konnte er zu großen Teilen auswendig, Schillers *Glocke* selbstverständlich auch, wobei er die Verse nicht selten für seine jeweiligen Zwecke umdichtete. Er sang Schubert-Lieder und Loewe-Balladen und ging mit uns nach Dortmund ins Stadttheater. Ein halbes Jahr lang (ich muss mich korrigieren: bis heute) kann ich deshalb aus dem dritten Akt der Oper Undine von Albert Lortzing noch die mich stets bewegende Arie singen.

„*Oh kehr zurück, dein eitles Sehnen,*
ist jetzt gestillt, oh kehr zurück.
Dann fließen milder da-hei-ne Trä-änen,
dann lacht dir wie-hie-hie-hie-der stilles Glück"

Vater war nicht nur Bauer, gelegentlich auch Dichter. Dichter und Bauer also. Für die erste dieser beiden Fähigkeiten gibt es bei seinem schriftlichen Nachlass wie auch bei den ungezählten Empfängern von Glückwünschen zahlreiche Beweise. Ich will an dieser Stelle nur einen festhalten, weil er mir immer Spaß gemacht hat. Seine Neffen (Tante Julchens Söhne) schickten ihm einmal eine Rechnung für einen Herrenanzug „aus deutschen Stoffen". Damals machten Vater und seine Gesinnungsgenossen sich lustig über Hitlers Bemühen, im Zuge der Autarkiebestrebungen alle Güter aus deutschen Stoffen herzustellen. Anzüge also aus Holz. Seine Neffen schickten ihm folgende Rechnung:

DANNENBAUM *Birkenwerder*
Holzschneiderei *an Führers Geburtstag*

Rechnung

Für Herrn Gutsbesitzer Heinrich Ostrop
Vinnum bei Olfen

Wir lieferten Ihnen einen Herrenanzug aus deutschen Stoffen. Hierzu wurden verwandt

3 m³ Birnbaum	*65,—*
4 Taschen gehobelt	*8,—*
18 Knöpfe angenagelt	*6,—*
2 Bügelfalten geleimt	*5,—*
1 Schlitz gestemmt	*7,—*
1 Astloch verschmiert	*3,—*
2 Reservescharnierlöcher	*9,—*
Anstrich gegen Feuer	*5,—*
Anstrich gegen Holzwurm	*4,—*
	112,—

Zuzüglich Reichsaufschläge

- 10% für Bund der Kinderreichen
- 10% für Aufforstung des Deutschen Waldes
- 5% für Feuerversicherung

Wir garantieren für splitterfreie Arbeit und hobeln unebene Revers jederzeit kostenlos nach. Sollten sich im Frühjahr Blätter zeigen, so bitten wir, diese als Stoffreste aufzuheben. Etwaige Ableger wollen Sie gut aufheben, um daraus Kinderanzüge fertigen zu lassen. (Das Mitführen von Hunden an der Leine wolle man vermeiden.)

Hochachtungsvoll Firma Dannenbaum

Auf diesen Brief antwortete Vater:

Reklamation betr. gelieferter Anzug
Marke DEUTSCHER WALD

Wer hat dich, du deutscher Wald
abgeholzt, zu Stoff gewebt
und das Kunstprodukt dann kalt
ganz zerschnitten und geklebt
angepasst nach zünftger Norm
an des Mannes Körperform?
Ach was muß ein Menschenkind
das zu seinem Schutze
gegen Sonne Regen, Wind
und zu jedem Nutze
sich verbirgt in dieser Hülle
weil's nicht zu vermeiden
ob nun mit, ob ohne Fülle
alles doch erleiden!
Tell, der nun schon manches Jahr
ständig mein Begleiter-
bald war es mir völlig klar-
so geht es nicht weiter!

Er, der es so gut gemeint
zeigt mir seinen Pfoten.
Drum sagte ich: „Mein lieber Freund
solches ist verboten."
Zweitens ist der Anzug auch
viel zu dicht lackieret.
Solches war bisher nicht Brauch,
hab es bald verspüret.
Denn – was früher ventiliert –
durch der Wolle Poren,
ich gesteh es ungeniert:
Mir steigts zu Hals und Ohren!
Die Imprägnierung ist nicht echt:
Holzwürmer tun sich nähren!
Am Astloch hackt und bohrt der Specht –
ich lass ihn still gewähren.
Durch jene Öffnung mag fortan
was lichtwärts drängt entweichen.
Mit diesem „Seufzer" grüsst der Mann
vom Bund der Kinderreichen.

Keildrup, den 7. August 1939

Hennerich Böckenholt

Ich habe meinen Vater – von dem ich später noch vieles im Zusammenhang mit Hitlerzeit und Krieg berichten will – als einen Mann in Erinnerung, der sich in einer für seinen Berufsstand ganz ungewöhnlichen Weise für schöne Dinge des Lebens interessierte, auch musisch begabt war und ein Meister der Ironie und des Spottes. Seine Frau bezog er in geradezu liebenswürdiger Weise, also nie verletzend, in diese seine Art mit ein. Ich höre noch, wie Mutter dann mit gespielter Entrüstung sagte: „*Papa, wat söllt blos de Kinne denken.*"

Einmal allerdings hat er – nach dem Eindruck meiner Mutter – sein väterliches Vorbild arg vernachlässigt. Er kam von einer Gesangstunde aus dem Dorf und hatte wohl etliche Bässe und Tenöre im Schlepptau. Unter Mutters Schlafzimmerfenster brachten sie dann ein Ständchen dar, *Ännchen von Tharau* aus voller Kehle!

Das Lied war nicht anstößig, aber ziemlich laut. Meine Eltern haben den nächtlichen Anschlag ohne Ehekrise überstanden. Mutter aber war der Meinung, „*dat sik sowatt nich gehöht*".

Einige Male im Jahr wurde Vater besonders „lyrisch". Dann sang er:

Die linden Lüfte sind erwacht,
sie säuseln und weben Tag und Nacht,
sie schaffen an allen Enden.
Es blüht das fernste, tiefste Tal.
Nun, armes Herz vergiß der Qual.
Nun muß sich alles, alles wenden.

Im Zweifel ist das von Schubert. Woher mein Vater es kannte – und vieles andere auch – ist mir heute noch ein Rätsel. In der einklassigen Schule hat er es nicht gelernt. Von der Schallplatte oder aus dem Radio bestimmt auch nicht. Vielleicht von seiner eigenen Mutter. Aber die hatte ja auch noch keinen Rekorder oder ähnliches Zeugs. Zu seinem Repertoire gehörten ganze Seiten aus Friedrich Wilhelm Webers *Dreizehnlinden*, damals ein Klassiker, der in den so genannten höheren Schulen „durchgenommen" wurde, die Vater aber nicht besucht hatte. Besonders angetan hatten es ihm die Juninächte:

Lieblich sind die Juninächte,
wenn des Abendrots Verglimmen
und des Morgens frühe Lichter,
dämmernd ineinander schwimmen,
wenn der Lenz in roten Rosen
rasch verblutet und die kleinen Nachtigallen,
um den Toten ihre letzten Lieder weinen,
wenn im Kelch der Lindenblüte,
unterm Blätterbaldachine,
schläft, gewiegt von lauen Lüften,
die verirrte müde Bühne.
Träumerisch im Nest der Schwalbe,
zirpt die Brut und zwitschert leise,
von dem weiten blauen Himmel
und der großen Südlandreise.

Tief im Felde schlägt die Wachtel,
jedem Pflüger liebe Laute.
Liebe Laute all den Körnern,
die er fromm der Flur vertraute.
Durch die halbentsprossnen Ähren
geht ein Säuseln und ein Singen,
als ob holde Himmelsgeister
segnend durch die Saaten gingen.

Dies und anderes muss mich wohl sehr beeindruckt haben. Sonst hätte ich es nicht auch gelernt und bis heute behalten. Es kann sein, dass Vater Heinrich und sein gleichnamiger Sohn von Weber und Claudius, von Lortzing und Schubert noch mehr schwärmten als von Gregor Mendel, Justus von Liebig oder Albrecht Thaer, den großen Agrarwissenschaftlern, die für das „Deutsche Bauerntum" ungleich wichtiger waren als alle Sänger und Poeten zusammen. Das hinderte meinen Vater aber nicht daran, zur Zeit der Lindenblüte eine Nacht unter den beiden Linden zu verbringen, in deren Mitte das Hofkreuz auf einem Hügel stand. Ein Hügel, der dem Berge Golgatha nachempfunden war, meinte ich jedenfalls. Sein Vorhaben kündigte er schon eine Weile vorher an und Mutter begleitete die Expedition mit verständnisvollem Lächeln, wohl wissend, dass nach allen Erfahrungen die Naturschwärmerei ihres Mannes gegen Mitternacht zu Ende gehe und er dem Ehebett dann doch wieder den Vorzug vor dem Berg von Golgatha gab.

Vater hatte seine Art ganz sicher von seiner eigenen Mutter, eine geborene van Beeck aus Dülmen. Ich erinnere mich an Besuche in diesem Haus. Mit seinen Vettern dort übertraf man sich gegenseitig im Spott über Hitler und seine Kumpanen. Vieles habe ich damals nicht verstanden, nur weniges behalten. Über Hitlers Luftmarschall Hermann Göring – sehr beleibt und stets eine ordenübersäte Uniform tragend – spotteten sie:

In den Lüften ist ein Meester
Hermann heest er.
Rechts Lametta, links Lametta
und der Bauch wird immer fetta.

Die lästerlichen Reden, die Vater und seine Freunde und Verwandten über Hitler und seine Genossen führten, waren nicht nur Spaß an der Freude, sondern auch eine Möglichkeit, den Frust über das Regime loszuwerden. Die Gestapo hat solches nicht selten benutzt, um unliebsame Menschen wegen Volksverhetzung ins KZ zu schicken.

Ein Blick zurück

An dieser Stelle sollte ich doch versuchen, rückblickend einige politische Hintergründe aufzutun, ohne die man manches nicht verstehen kann, was sich später bei uns und in der Welt ereignet hat. Vater war Soldat im Ersten Weltkrieg. Ich meine, er hätte gelegentlich von der Schlacht an der Somme erzählt. Dies beschränkte sich aber auf undramatische, auf keinen Fall kriegerische Erinnerungen, wie man sie den Stammtischen zueignet. Ich meine, dass er damit sehr sparsam war. Jedenfalls erlitt er damals eine schwere Verwundung, deren Art und Umstände für uns richtig gruselig waren. Wenn wir im Nachtpolter auf seinem Schoß saßen, durften wir schon mal über seinen Schädel streichen. Dort befand sich eine lange, tiefe Narbe: ein Granatsplitter hatte ihm die Schädeldecke aufgerissen. Die Vorstellung, dass der Splitter auch einige Millimeter tiefer Vaters Kopf hätte treffen können, bereitete mir Gruseln. Ich strich dann über meinen eigenen Kopf und malte mir aus, wie grausig das war. Und ganz heimlich schaute ich auf meine Finger um sicher zu sein, dass kein Blut daran klebte.

Der Mann von Tante Julchen hatte im Krieg einen Arm verloren. Der leere Ärmel saß immer fest und korrekt in seiner Rocktasche. Ihm war der Arm auch von einem Granatsplitter zerfetzt worden. Irgendwo soll es in einer Soldatenzeitung einen schriftlichen Bericht gegeben haben, wonach sich Onkel Terro den baumelnden Arm selber abgetrennt habe, weil er sonst nicht durch das Granatfeuer zum Verbandsplatz hätte kriechen können. Ob Soldatenzeitungen im Ersten Weltkrieg glaubwürdiger waren als jene, die ich 25 Jahre später zu lesen bekam, soll hier offen bleiben. Jedenfalls haben sich die Vorstellungen von Onkel Terros und Vaters Wunden tief in mein kindliches Gemüt gegraben. Sie haben mich mein Leben lang begleitet und wurden auch nicht verdrängt durch die entsetzlichen Bilder, die ich später selber sehen musste. Dass mein „Heldentum" sehr schwach entwickelt war, hat hier vielleicht schon diesen frühen Grund.

All dies sind Erinnerungen aus der Nachkriegszeit des Ersten Weltkrieges. Damals war es nicht so, dass über die Frage der Schuld am Krieg diskutiert oder auch nur merklich nachgedacht wurde. Während ernst zu nehmende Menschen nach 1945 wussten, wer das Verbrechen ausgelöst und bis zum Völkermord verschuldet hatte, war das in der Zwischenkriegszeit – also nach dem Ersten Weltkrieg – keineswegs so. Ich habe nie gehört, dass man darüber gestritten hätte, ob der Mord an dem österreichischen Kronprinzen in Sarajewo oder gewisse Bündnisverpflichtungen Grund genug seien, sich in einen Krieg zu stürzen. Solche Dinge sind bestimmt während dieses ersten Krieges und auch nachher von einem heute unvorstellbaren, nationalen Gefühl überlagert worden. Die Kriegslieder wurden mit einer gewissen Inbrunst gesungen. Es gab noch alte Landserparolen, die zwar nicht mit einem hasserfüllten Unterton verkündet, immerhin aber mit makabrem Humor verkündet wurden. Zum Beispiel: *„Jeder Schuss ein Russ, jeder Tritt ein Brit, jeder Stoß ein Franzos."*

In der Schulchronik der katholischen Volksschule, die sowohl Vater und seine Geschwister als auch später meine Generation besucht haben, finde ich einige Seiten, die über die „vaterländische Gesinnung" einen bezeichnenden Aufschluss geben und aus der ich einige Passagen zitiere.

Über die Mobilmachung 1914 in meinem Heimatdorf Vinnum steht dort:

> *„Die Landleute kamen vom Erntefelde heim. Überall herrschte festes Vertrauen auf einen schnellen, glücklichen Ausgang des Krieges. Als erster wurde der Nachbar Theodor Köppler einberufen. Von der Arbeit heimkehrend fand er den Stellungsbefehl vor. Das war eine Aufregung im Hause über die so jähe Trennung von seiner jungen Frau. Nachdem er in der Kapelle gebeichtet hatte, mußte er noch am selbigen Abend antreten. Die jungen Leute nahmen Abschied voll heller Begeisterung und begaben sich von Verwandten und Bekannten begleitet zum Bahnhof in Selm. Sie wurden von Musikstücken begleitet ... ein solches Gewoge hatte der Bahnhof wohl noch nie gesehen – ein erhabenes Bild hoher Begeisterung ...*
> *Jeder hatte das Gefühl, solche Soldaten müssen siegen. ... Ein donnerndes Hurra erschallte. Brausend*

ertönte das Lied: Deutschland, Deutschland über alles. ...Die Tage der Begeisterung waren auch Tage des Gebetes.“

Wer in dieser Schulchronik blättert, der muss feststellen, dass schon auf der nächsten Seite von dieser Stimmung nicht mehr viel zu spüren ist. Im Gegenteil: *„Zur Streckung des Brotgetreides wurden Kartoffeln benutzt.“*

Was aus dem deutschen Heer nach der Kapitulation wurde, findet sich in folgender Passage:

> *„Da wurde manches Heeresgut von den Soldaten verschleudert. Mehrmals fanden öffentliche Versteigerungen von überflüssigen Militärpferden statt. Da sie niedrig im Preis waren, kauften sich mehrere Kötter (Kleinbauern), die sonst mit den Kühen akkerten, ein Pferd.“*

Schließlich finden sich neben vielen anderen Zeugnissen der Vergänglichkeit des Kriegsruhms auch noch diese Zeilen über den Ersten Weltkrieg in der Schulchronik der Schule Vinnum:

> *„Als ein leuchtendes Muster der Ergebenheit und des Opfermutes steht die Ww. Heitkamp da: Ihr Mann war vor Jahren bei einem Neubau verunglückt, ihr Sohn Josef starb an der Schwindsucht, Hermann fand beim Baden in der Lippe den Tod. Die zwei letzten Söhne Theodor und Heinrich verlor sie durch den Krieg.“*

Der Leser dieser Zeilen wird sich – oder auch mich – fragen, warum hier soviel über eine Zeit geschrieben wird, die im persönlichen Gedächtnis, oft nicht einmal im historischen Wissen, keinen Platz mehr findet. Ich schreibe darüber, weil in unserer Zeit über historische Zusammenhänge, über Kausalitäten für spätere Entwicklungen und somit über die Ursache der Tragödien nur in Fachkreisen diskutiert wird. Aber auch dort oft verklemmt, mit Vorurteilen behaftet oder dem Drang, die Schuldigen an den Pranger zu stellen.

Vor allem aber liegt mir daran, meinem Vater nachzuspüren, der nach dem Ersten Weltkrieg sicher nicht von persönlichen Schuldkomplexen gepeinigt war, vielmehr so etwas wie eine vaterländische Gesinnung, ja sogar wie seine ganze Kriegsgeneration ein national geprägtes Geschichtsbewusstsein hatte.

Meine ältere Schwester Maria hielt sich einiges darauf zugute, dass sie an dem Tag geboren sei, als Albert-Leo Schlageter von den französischen Besatzungstruppen auf der Golzheimer Heide in Düsseldorf erschossen wurde. Mein Vater hat gegen diese etwas originelle Geschichtsdeutung nie Einspruch erhoben. Deshalb nehme ich an, dass ihm dieser Albert Leo Schlageter nicht unsympathisch war, denn der hatte gegen die Rheinlandbesetzung der Franzosen nach dem Ersten Weltkrieg und der damit verbundenen Demontage – also Abtransport deutscher Industrieanlagen nach Frankreich – Gewalt angewendet. Schlageter und auch andere wollten das verhindern, sprengten Bahngleise in die Luft und wurden dabei erwischt.

Später – viel später als ich Abgeordneter im Düsseldorfer Landtag war, besuchte ich gelegentlich meinen Freund und Fraktionsvorsitzenden Heinrich Köppler am Golzheimer Platz in Düsseldorf. Dann fiel mir immer diese Geschichte ein: hier wurde also Albert Leo Schlageter erschossen. Bei meinem wie ich glaube ziemlich ausgeprägten Interesse für die Geschichte gibt es hier eine merkwürdige Schnittstelle: derselbe Mann, Schlageter, wurde von wirklichen Patrioten wie meinem Vater hoch geachtet und später von den Nazis zu einem nationalsozialistischen Helden gekürt. Meine Schwester hatte es also mit einem nationalsozialistischen Helden zu tun.

Meine Schwester Agnes ebenfalls. Der war allerdings ungleich berühmter und auch berüchtigter. Agnes erwähnte auch bei unpassenden Gelegenheiten, sie habe zusammen mit dem Führer Geburtstag! Ich bin überzeugt davon, dass, wenn mein Vater von dieser Duplizität etwas geahnt hätte, er dafür gesorgt hätte, dass seine Tochter nicht ausgerechnet am 20. April geboren wurde.

Wenn dieser mein Vater gut zwanzig Jahre später im Dritten Reich auch nichts mehr von einer nationalen Haltung erkennen ließ, dann zeigt dies keineswegs einen Mangel an vaterländischer Gesinnung, sondern eine abgrundtiefe Verachtung für Hitler und seine Genossen, die sich nach seiner festen Überzeugung eines verbrecherischen Missbrauchs von vaterländischen Idealen schuldig gemacht hatten. Dass Vater so weit ging, eine deutsche Niederlage als einzige Möglichkeit der Befreiung zu wünschen, hat ihm selbst unter Freunden und Verwandten nicht immer Verständnis eingebracht. Mit seinen Neffen Franz und Theo Luthe, die beide Theologie studierten und in den Orden der Salesianer eintreten wollten, gab es sehr ernsthafte Auseinandersetzungen, wenn sie als Soldaten zu uns in Urlaub kamen. Sie sollten als Soldaten den Krieg verlieren, meinte Vater. Dies zu wünschen, das war Hochverrat. Hätte man ihn mit einer solchen Geisteshaltung erwischt, er hätte das Ende des Krieges nicht erlebt. Auf Wehrkraftzersetzung stand die Todesstrafe. Noch heute wundere ich mich, dass Papa mich nie bedrängt hat, unter allen Umständen zu schweigen. Noch heute bin ich ein wenig stolz, weil er seinem Sohn offensichtlich vertraute, obwohl dieser noch ein Kind war.

Zurück zu den Ereignissen rund um Vinnum nach Ende des Ersten Weltkrieges. Das Rheinland war von den Siegermächten besetzt und wurde planmäßig „demontiert". Die Industrieanlagen wurden abgebaut und in die Länder der Siegermächte transportiert. Die Grenze zwischen dem von den Siegermächten besetzten Teil Deutschlands verlief an der Lippe entlang, also einen guten Kilometer von meinem Elternhaus entfernt. Das gab natürlich Gelegenheit zu gefährlichen Reibereien. Ganz bestimmt war in jedem Haus noch ein Karabiner aus dem Krieg übrig geblieben. Ich erinnere mich an einen Schrank neben dem Aufgang zum Schlafzimmer von Vater und Mutter. Dort war doch tatsächlich eine solche Kanone versteckt, sogar noch zu meiner Zeit in den mittleren dreißiger Jahren. An der Kirche in Vinnum habe ich öfter auf einem Dachboden über der Sakristei herumgestöbert. Dort hatte man angeblich in einer Kiste ein ganzes Waffendepot versteckt. Ich habe es aber nie gefunden.

Die Vinnumer hatten auch einigen Grund, auf die Franzosen jenseits der Lippe böse zu sein. Dort hatten vor allem die „kleineren" Bauern ihre Felder. Das hinderte die französischen Besatzungssoldaten aber nicht, den ganzen Belag auf der Brücke abzubrennen und sie unpassierbar zu machen. Unser Nachbar, der alte Höning, wollte trotzdem über die Brücke klettern. Den

Warnruf der Franzosen konnte der schwerhörige Mann nicht hören. Er wurde von Kugeln getroffen und stürzte in die Lippe. Einige Tage später zog man ihn wenige Kilometer flussabwärts tot aus der Lippe.

Unser Onkel Franz, Vaters Bruder, war in dieser Zeit als Student auf einer Ingenieurschule in Bingerbrück. Als er in Ferien kam, wollte er ebenfalls über die Brücke klettern, hörte plötzlich ein Zischen wie es Zündschnüre für Sprengladungen verursachen und sprang in Todesangst herab. Zum Glück nicht ins Wasser, sondern in das Ufer.

Dann seien auch vaterländisch gesinnte Studenten aus Münster gekommen, die mit ihren Ballermännern die Franzosen jenseits der Lippe unter Feuer nahmen, um dann schleunigst zu verschwinden. Die Vinnumer hatten das auszubaden, was man zwar gemein, aber doch irgendwie heroisch fand. Für diese Gefühle gab es noch zusätzliche Anlässe. Die französischen Soldaten kamen über die Lippe und nahmen unseren Nachbarn, den Lehrer Bergmann, als Geisel mit. Er sollte solange eingesperrt werden bis man den Franzosen die Attentäter ausgeliefert habe. Schließlich aber ließ man Lehrer Bergmann laufen. Er wurde mit einem Fackelzug empfangen und im Triumph zu seiner Frau gebracht. Unser Papa war der „Zugführer". Die Tochter Gertrud von Lehrer Bergmann, weit über 90 Jahre alt, hat mir kürzlich in allen Einzelheiten von diesem vaterländischen Ereignis berichtet. Sie spricht noch heute mit Respekt und Bewunderung von unserem Papa, immer etwas schelmisch und lächelnd.

Diese Geschichten haben mich immer fasziniert. Ich werde auch bald wieder nach Hause an die Lippe gehen, um zu gucken, wo die Franzosen ihre Posten hatten, wo der alte Höning in die Lippe stürzte, wo Onkel Franz in die Böschung sprang ... Die große Geschichte eines kleinen Dorfes reicht oft noch bis in meine Träume. Sie sind noch immer dieselben und ich kann sie anrühren und fassen wie meine Erinnerungen als wär's ein Stück von mir.

Dorfgeschichten

Da wir nun einmal in Vinnum sind, will ich aus meinem eigenen Erleben zwar nicht Geschichte schreiben, aber doch Geschichten erzählen, die zu mir gehören wie meine Nase oder meine Ohren oder meine Sinne.

Der Ortsname Vinnum stammt von dem lateinischen *vinum*, der Wein. Die Römer hätten an den Hängen der Lippe, also auf Ostrops Feldern Wein gebaut. Dies ist bestimmt nicht der einzige Bär, den unser Lehrer uns aufgebunden hat. Papa stand ihm nicht nach. Er fand in unserem Wald einen alten verrotteten Stiefel. Er pries den Fund als einen schlagenden Beweis dafür, dass die Schlacht um 9 nach Christus nicht im Teutoburger Wald, sondern in Ostrops Wäldern stattgefunden hat. Der Stiefel von Quintilius Varus ließ keinen Zweifel aufkommen. Papa wollte den Archäologen mit seinem Fund auch beweisen, dass die alten Römer schon in Gummistiefeln über die Alpen kamen.

Ostrops Hof lag und liegt am Rande des alten Dorfes. An einer Seite liegt die Schule, die wir seit Generationen besuchten. An der anderen Seite die Kirche. Meine Großeltern hatten ein Stück von unserem sehr großen Garten für den Kirchbau geschenkt. Wohl nicht ausschließlich zur größeren Ehre Gottes. Vielleicht auch mit der nüchternen Überlegung, die Kirche nicht nur im Dorf, sondern auch im eigenen Garten zu haben. Dieser war aber noch groß genug, um den Frauen ein großes Pensum an Arbeit zu bescheren. Die Beete waren sehr akkurat durch große und kleine Wege getrennt, die wiederum mit kleinen Buchsbaumhecken umgeben waren. Heute kommen wir gelegentlich in den Garten von Haus Rüschhaus, nicht weit vom Pastorenbusch entfernt. Wenn dann die Gäste die von dem großen Baumeister Schlaun entworfenen Beete und ihre Buchsbaumumrandungen staunend bewundern, dann würde ich am liebsten sagen: „*Da hättet ihr mal unseren Garten sehen sollen. Der große Baumeister hätte sich von meiner Mama noch was abgucken können.*“ Samstags wurden die mit gelbem Sand ausgelegten Wege säuberlich geharkt und nur im Notfall betreten. Richtig frei gegeben wurden sie erst am Sonntag, wenn wir zu Kirche gingen.

Kirche? Vinnum hatte zunächst mal keine. Wir gehörten zu

Olfen. Dort wurden wir getauft, gingen zur Kommunion, wurden gefirmt und sollten wie unsere Altvorderen auch dort begraben werden. Nur die Grafen von Schloss Sandfort hatten sich außer Stau- und Wasserrechten auch das Privileg verbürgen lassen, im eigenen Wald begraben zu werden. Sie waren auch evangelisch. Wie groß die Sehnsucht der Vinnumer nach einer eigenen Kirche war, kann man sich vorstellen. Sechs Kilometer zur Pfarrkirche pilgern zu müssen, die gleiche Strecke wieder zurück und das nicht nur jeden Sonntag, sondern auch an der großen Zahl der kirchlichen Festtage. Die Gewissheit, auf diese Weise eine ordentliche Portion der zeitlichen Sündenstrafen ablaufen zu können, wird manchen armen Sünder getröstet haben.

Bis ein gewisser Josef Horstmann Anfang des 20. Jahrhunderts die Vinnumer Bühne betrat. Noch lange nach seinem Tod, also in meiner Kinderzeit, galt er als ein sehr frommer, aber auch sehr einfältiger Mann. Was sich gelegentlich ja nicht ausschließt. Er hielt an einer Wegkapelle Mai- und Rosenkranzandachten und kämpfte unermüdlich für die kirchliche Selbstständigkeit Vinnums. Den Olfener Pastoren gefiel diese *„Los-von-Olfen-Bewegung"* überhaupt nicht. Sie sollen nach Vinnumer Überlieferung nicht nur um die Einheit der Kirche gebangt, sondern die Vinnumer auch für die Nachfahren „eines Volkes von Kartenspielern und Säufern" gehalten haben. Dabei stützten sie sich angeblich auf eine uralte Kirchenchronik, die sie allerdings nie herausgerückt haben. Heimatgeschichtsforscher wollten zur Entlastung meiner Urväter glauben machen, dass mit diesem liederlichen Volk die Schiffer gemeint waren, die früher bei Nacht an den Vinnumer Lippeufern ihre Gelage hielten.

Die Vinnumer bauten den Pfarrern von Olfen zum Trotz schließlich doch eine Kirche, nicht schön, aber brauchbar. Sie hatte alles. Einen Altar, eine Glocke, eine Sakristei, Bänke und bunte Fenster. Was fehlte, war ein Pastor. Oder wenigstens ein Priester, der die Vinnumer von dem demütigenden Zwang befreite, Sonntag für Sonntag sechs Kilometer nach Olfen zur Messe laufen zu müssen.

Nun gab es in Datteln, ganz in der Nähe von Tante Julchen, ein Kloster der Dominikaner. Diese waren bereit, samstags in der pfarrerlosen Kirche in Vinnum Beichte zu hören und am Sonntag die Messe zu feiern. Diese geistlichen Herren mussten mit der Kutsche abgeholt und auf gleiche Weise in ihren Konvent zurückgebracht werden. Das war nicht selten meine Aufgabe. Die Patres hatten für meinen Vater, für unser Haus und auch für mich und meine Geschwister eine ganz wichtige Funktion. Sie brachten in aller Regel eine Welt in unser Haus, die uns sonst nicht offen stand. Besonders für Papa war es wichtig, sich mit diesen oft sehr gebildeten und welterfahrenen Besuchern auszutauschen. Leider durften wir nicht dabei sein, wenn Vater am Samstagabend mit dem Pater in unserer Wohnstube saß. Ich bin ganz sicher, dass weniger die Theologie als vielmehr die Politik den Gesprächsstoff lieferte. Für uns blieben aber doch auch einige Krumen im fast wörtlichen Sinne, die von dem Tische der Weisen fielen: die Reste einer von Mutter besonders gepflegten Mahlzeit.

Papa hatte auch guten Kontakt zu Dr. Hermann Ostrop. Der wohnte in Dortmund und war von den Nazis in seiner Funktion als Chefjurist der Stadt Dortmund gefeuert worden. Onkel Hermann betrieb Ahnenforschung und kam auf diese Weise mit den Ostrops in Vinnum zusammen. Natürlich waren die Ahnen nicht das beherrschende Thema, sondern die Nazis und das absehbare Unheil, welches diese Partei über Deutschland und die Welt bringen würde. Als die Engländer in den letzten Kriegstagen auch die Stadt Dortmund erreichten, fuhr ein Jeep zu Dr. Hermann Ostrops Wohnung auf dem Knappenberg und die Sieger ernannten ihn zum kommissarischen Oberbürgermeister von Dortmund. Zur gleichen Zeit musste sein Gesinnungsgenosse in Vinnum – also mein Papa – mit der ganzen Familie den Hof verlassen, weil die Engländer mit Mann, Maus und Panzer auf unserem Hof Quartier bezogen. Es sei festgehalten: die Engländer beförderten den Dortmunder Ostrop zum Oberbürgermeister, den Bauern Ostrop in Vinnum beförderten sie von Haus und Hof.

Unser Magister

Niemand in Vinnum hätte den Lehrer unserer kleinen Schule einen „Dorfschulmeister“ genannt. Das tat nur die Heimatzeitung. Für die Vinnumer war er der Magister. Für mich und meine Geschwister war er Bergmanns Onkel. Von Bergmanns Onkel war schon kurz die Rede, als die Franzosen ihn als Geisel genommen hatten. Er hat wohl mehreren Vinnumer Generationen in der kleinen einklassigen Schule das ABC, das Rechnen und das Stillsitzen mit unterschiedlichem Erfolg beigebracht. Für den Religionsunterricht kam natürlich ein geweihter Fachmann, der Kaplan von Olfen, bei dem wir jede Woche ein Kapitel vom Katechismus auswendig lernten. Wer es nicht schaffte, erhielt vom Kaplan ein paar „Kopfnüsse“. Hat der Glück gehabt, dass es damals keine Bild-Zeitung gab! Er hieß übrigens Werner Bügelman. Diese ungewöhnliche Schreibweise mit nur einem ‚n‘ sprach ich immer betont langsam aus. Ich bildete mir ein, dass ich ihm auf diese Weise unterjubeln könnte, dass er gar kein richtiger Mann sei. Meine mittelmäßige Frömmigkeit habe ich bei allem Respekt nicht dem Kaplan von Olfen zu verdanken.

Bergmanns, die Lehrerfamilie nebenan, waren selbstverständlich anders als andere Nachbarn. Bergmanns hatten nur eine Kuh und ein paar Morgen Land, welche von Verwandten aus Selm bestellt werden mussten (blamabel). Noch schlimmer war des Lehrers absolute Unfähigkeit, sich anständig zu betätigen, also körperlich zu arbeiten. Nur als Imker stand er seinen Mann. Wenn Bergmanns Tante, so nannten wir die Lehrersfrau, mal verreiste, dann kam der Lehrer mit seiner Kuh am Band auf unseren Hof, um das Tier melken zu lassen. Es ging sogar die Kunde, dass Bergmanns Tante – bevor sie verreiste – ihm jeweils einen Schlips fertig an den Bettpfosten knotete, weil er selbst dazu nicht in der Lage sei. Ich kann mich für Letzteres nicht verbürgen. Mag sein, dass sich jene seiner Schüler, die mehr auf die Hose als in den Kopf gekriegt hatten, solche Gemeinheiten ausgedacht haben.

Die gröbste Beleidigung, die man einem Vinnumer zufügen konnte, war die Unterstellung, linke Hände zu haben. Als Rache für die vom Lehrer zugefügte körperliche und geistige Pein lag es nahe, dass man das an sich sehr ehrenwerte Lehrerbild auf diese

Weise schmähte. Außer linken Händen hatten Bergmanns neben drei eigenen Kindern auch noch „angenommene“ Kinder. Wie viele, das weiß ich nicht mehr. Angenommene Kinder nennt man heute Pflege- oder Adoptivkinder. Bergmanns Angenommene waren aber nach meiner Erinnerung nicht besonders geraten. In Vinnum wurde das natürlich als ein Beweis für mangelnde pädagogische Fähigkeiten des Lehrers und seiner Frau verstanden. Tatsächlich kamen Bergmanns Angenommene aus Verhältnissen, die nicht die besten Voraussetzungen für eine erfolgreiche Erziehung boten.

Ich aber war in uneingeschränkter Weise auch bei Bergmanns angenommen. Als kleiner Kerl durfte ich sogar bei Bergmanns Tante schlafen, wenn Onkel Bergmann nicht zu Hause war. Wenn ich malen könnte, würde ich den Schlafzimmerschrank mit allen Türen, Leisten und Schubladen auf's Papier bringen. In diesem Schrank bewahrte Bergmanns Tante in der Schublade ganz links unten die Blockschokolade auf. Ich bin ganz sicher, dass ich mich heute noch auch in tiefer Dunkelheit an diese Schatztruhe herantasten könnte.

Aber Bergmanns Onkel und Bergmanns Tante brauchen keinen Schrank mehr. Mir ist die Erinnerung an diese lieben Nachbarn geblieben, allerdings auch die Sehnsucht nach Blockschokolade aus der Schublade unten links.

Gertrud Bergmann, die Tochter, geht inzwischen auf die Hundert zu. Mit ihr wanderten wir zu unserem Fischteich im Plessen, einem unserer Birkenwälder. Dieser Teich brachte uns wenig Glück. Mal wurde der Damm undicht, mal mangelte es an Sauerstoff, mal wurde nächtens das Wasser abgelassen und Spitzbuben klauten ein paar Zentner Karpfen. Das tat unserer Liebe zu dem Fischteich keinen Abbruch. Dort lernten wir schwimmen, was nicht sehr gefährlich war. Nach dem Bad allerdings mussten wir uns zu Hause gründlich abspülen, denn die Muttke, die für die Karpfen nicht die schlechteste Lebensgrundlage war, legte sich auf und in alle unsere Körperteile. Und der Duft vom *„Fischkediek“* war in unserem an Gerüchen nicht armen Haus doch ein wenig zu penetrant.

Zurück zu Gertrud Bergmann. Wir wanderten mit ihr auch durch's Dahler Holz zur *„swatten Kuhl“*, einem toten Lippearm, dessen angeblich unendliche Tiefe noch niemand hatte ergründen können. Ganz unten drin wurden Glocken vermutet oder andere geheimnisvolle Dinge. Ich habe niemals in der *„swatten Kuhl"* einen Menschen baden sehen. Damals hätte ich auch niemandem dazu geraten.

Heute noch würde ich eine dicke Buche am Tannenknapp finden, wo Bergmanns Gertrud den Kuchen auszupacken pflegte. Wir tranken dann *„Sössken"*, selbstgemachten Himbeersaft. Wenn ich auch noch erzähle, dass uns bei diesen Wanderungen sogar Rotkäppchen begegnet ist, der Wolf selbstverständlich auch, dann könnte das aufgeklärten Lesern unglaublich erscheinen und alle meine anderen lichtvollen Erinnerungen würden in Zweifel gezogen. Da behalt ich es lieber für mich.

Dann mussten wir uns auf dem Rücken ins Laub legen, lernten die natürliche Gotik der Buchenstämme zu bestaunen. Viele Jahre später lag ich rücklings in den Kirchenbänken der Kathedralen von Reims, von Orleans, von Chartres, von Köln und Altenberg, kniff die Augen ein wenig zu und sah die Buchendome des Dahler Holzes bei uns zu Hause. Ein uniformierter Kirchenaufseher im Dom zu Köln hatte allerdings wenig Verständnis für meine gotischen Träume: „Hier im Dom wird nicht gepennt." Und ich war wieder in Köln.

Das und vieles andere verdanke ich Bergmanns Gertrud! Ich merke, wie schwierig es ist, von Bergmanns wegzukommen. Kein Wunder, denn bei Bergmanns gab es noch viele andere Dinge, die mich sehr beeindruckt haben. Zum Beispiel gab es abends nicht das aufgewärmte Gemüse (Gemüse war Eintopf und wurde bei hochdeutschen Bauern wohl auch Durcheinandergemüse genannt). Stattdessen aßen die Bergmanns Butterbrote und dazu Salat, fielen also auch beim Essen schon völlig aus dem Vinnumer Rahmen.

Eine Geschichte hängt mir noch heute ein wenig quer in meinem Gemüt: Einige Tage vor Weihnachten wurde ich zu Bergmanns einbestellt, um beim Aufbau der Krippe zu helfen. Zweifellos ein besonderes Privileg, was ich noch heute zu schätzen weiß. Bergmanns Schäfchen – das Christkind kam natürlich erst in der Hl. Nacht in seinen Trog – mussten sehr überlegt auf Bethlehems Feldern, auf denen es auch eine Wassermühle gab, verteilt werden. Es galt unter anderem, einen besonders attraktiven Platz für die Heiligen Drei Könige freizuhalten, die zu diesem

Zeitpunkt von der Geburt Christi zwar noch keine Ahnung, aber aus alter Erfahrung am 6. Januar aufzutauchen hatten – worauf man sich verlassen konnte. Am Abend dieses großen Tages kam Gertrud zu uns und redete, wie ich sehr spät bemerkte, ziemlich scheinheilig mit meinen Eltern, welch tüchtiger Kerl ich sei, wie schön ich die Schäfchen platziert hätte, und dass Weihnachten ohne mich wohl gar nicht mehr stattfinden könne. Nur eines hatte sie doch zu beklagen: Ein Schäfchen müsse weggelaufen sein. Aus der Schrift weiß man, welchen Schmerz bei einem guten Hirten ein verlorenes Schaf auslösen kann. Und so war es auch nicht verwunderlich, dass Gertrud sehr jammerte und dabei immer auf meine Hosentasche blinzelte, in der ich, von meiner kleinen Faust fest umklammert, das verlorene Schaf verborgen hielt. Ich war sehr erregt, wissend um die Schwere der Sünde, denn hier handelte es sich zweifellos um heilige Dinge. Als ich merkte, dass die Aufklärung kurz bevor stand, griff ich trotzig in meine Hosentasche. Papa und Mama und Gertrud brachen ob des wieder gefundenen Schäfleins in Jubel aus.

Gertrud Bergmann und meinen Eltern werde ich mein Leben lang nicht vergessen, dass sie mich nicht nur nicht verstoßen haben, sondern das gestohlene Gut zu meinem Eigentum erklärten. Wenn ich später das Sprichwort hörte *„Unrecht Gut gedeihet nicht“*, habe ich mir gedacht, wie es mit Gottes und Gertrud Bergmanns Hilfe auch Ausnahmen gibt. Auch war mir immer die biblische Geschichte von dem verlorenen Schaf längst vertraut. Ich hatte solches ja selbst erlebt.

Onkel Bergmann zog mit seiner Familie im Anschluss an seine Pensionierung nach Bork. Er hat dort noch mehr Pensionsjahre gelebt als er Dienstjahre als Dorfschulmeister verbracht hatte. Gertrud nimmt noch heute im Jahr 2005 an den Familienfeiern der Ostrops teil. Allerdings nie ohne mich vorwurfsvoll nach dem Verbleib des kleinen Schäfchens zu fragen.

Die lieben Nachbarn

Auf dem Dorf gab es zu meiner Zeit noch Nachbarschaften, die bei besonderen Anlässen nach ganz bestimmten Regeln ihre eigenen Funktionen wahrnahmen. Das galt nicht nur für Brandkatastrophen, sondern auch für Familienereignisse trauriger oder froher Art. Es war Aufgabe der Nachbarn, einen Toten „auf's Stroh" zu legen. Dann hatten sie auch alle zu benachrichtigen, die zur Beerdigung einzuladen waren. Der Spruch dafür war wörtlich festgelegt und lautete:

> „*Familge ..., lött begehren, Friedag moun öhre leive Tante Hanna notefolgen, we gißen vestowen is.*"

Die organisatorische Ausrichtung von Hochzeiten war ein besonders freudiges Ereignis. Es musste gekränzt und geschmückt und das Böllern vorbereitet werden. Geböllert wurde mit schweren, in den Boden gestellten Eisen, in denen der Schmied ein tiefes Loch gelassen hatte. Da hinein kam Schwarzpulver, welches mit einer Lunte gezündet wurde. Das Ansehen der Feuerwerker stieg mit der Heftigkeit der Explosionen. Nie bewiesen, aber immer wieder behauptet, wurde, dass man Vinnumer Böller bis nach Datteln – zehn Kilometer Luftlinie – weit hören konnte.

Unsere Nachbarn waren neben Bergmanns noch Pinnekämpers und Ahmanns. Als Pinnekämpers 1923 heirateten, hat es ein lautes Schreien gegeben: „*Et brennt, et brennt.*" Allerdings war kein Feuer ausgebrochen. Vielmehr brannte bei uns und in anderen Häusern zum ersten Mal das elektrische Licht. Der Span, die Petroleumlampe hatte nach hunderten von Jahren ausgedient. So ganz traute man dem neuen Licht aber nicht. Auf den Böden standen Jahrzehnte später noch die alten Petroleumlampen. Es war ein wahrhaft historischer Augenblick. Denn ein kleines Dorf bekam buchstäblich „Kontakt" mit der großen Welt.

Tante Pinnekämpers hatte eine Fähigkeit, die manches Leben gerettet hat. Allerdings kein menschliches. Pinnekämpers Tante hatte nämlich ein ganz schmales schlankes Händchen, mit dem sie kleinen Ferkeln aus der Schweinegebärmutter ans Licht der Welt verhalf. Falls die Schweinemutter, *de Mutt*, auch noch so was wie „Wochenbettfieber“ hatte und in ihrem Rausch die eigenen Kinder fressen wollte, fuhren wir nach Olfen zur Apotheke und kauften für 10 Pfennige ein Pulver namens „Mutterliebe“, was aus der wilden Sau sehr bald wieder ein friedliches Muttertier machte.

Ahmanns Tante war von ganz anderem Kaliber. Es war am 2. August des Jahres 1934. Da läutete ohne zunächst erkennbaren Grund die einzige Glocke unserer Kirche. Zwar diente sie schon mal als Brandglocke. Eine Qualmwolke aber war nirgends zu sehen. Da stürzte Ahmanns Tante schreiend in unseren Garten und rief zu meiner Mutter: *„Mein Gott Agnes, seg bloss, wie heppt de Kolonien wier.“* Es war nämlich das erste Jahr des tausendjährigen Hitlerreiches und Ahmanns Tante meinte, Adolf Hitler habe die im Ersten Weltkrieg verlorenen deutschen Kolonien in Afrika zurückgeholt. Eine andere Vermutung äußerte unser meist angesäuselter Zimmerman. Er orakelte, das Geläute gelte einem umgestürzten Weizenfuder von *„Ostrops Bur“*. In Wirklichkeit war es die Totenglocke für den verstorbenen Reichspräsidenten Paul von Hindenburg.

Nicht offizielle Nachbarn waren Klems. Über diese Familie müsste ich eigentlich ein ganzes Buch schreiben. Vor dem Krieg saß auf einer Bodenkammer, dem *Büin*, Klems Schuster. Oft habe ich ihm auf die vom Schusterpech beschichteten harten Hände gesehen. Ich könnte noch immer jeden Griff an Schuhen und *Holsken* nachmachen. Klebstoff holte er aus einer Dose mit der Aufschrift „Bärenkleber – besser als Wiener Papp”. Ich habe dies wohl auch in Erinnerung behalten, weil er seinen mit Kleister verschmierten Finger stets an meiner Hose abzuputzen versuchte.

Klems Schuster ist in Russland geblieben.

In Vinnum hatten wir noch einen anderen Schuster. Er konnte nur ganz grobe Arbeiten verrichten. Ein armes Luder. Er lebte und arbeitete in einer ganz kleinen Bude über dem Schweinestall in unserer Nachbarschaft. Ich glaube, er hatte nicht einmal einen Namen, viel weniger eine Familie. Die winzige Werkstatt war gleichzeitig Küche, Wohn- und Schlafzimmer. Immer, wenn wir geschlachtet hatten, ein halbes Dutzend Mal im Winter, packte Mutter einen Korb mit Wurstebrot, Panhas, Leberwurst und Schwartemagen für unseren armen Schuster. Ich rechne es meiner

Mutter heute noch hoch an, dass wir diesen so genannten Potthast nur bei völliger Dunkelheit zum Schuster bringen durften. Sie wollte im Stillen Gutes tun.

Viel später, als die Juden schon den schrecklichen Stern tragen mussten und schlimmen Schikanen ausgesetzt waren, kamen die Juden Weinberg aus Bork über ein Pättken von der Hinterseite des Hofes in Mutters Küche. Sie durften sich ja nicht sehen lassen. Und immer wieder wurde den Ärmsten mit einem Huhn oder anderen Produkten des Hofes geholfen. Immer heimlich und still und leise. Auch aus Angst, von den Nazis erwischt zu werden, die nicht einmal gestatteten, Gutes zu tun.

Ich erinnere mich, dass vor dem Krieg und natürlich auch während des Krieges an Horstmanns Schmiede mitten im Dorf ein Schaukasten hing, in dem der „Stürmer" ausgehängt war. Dies war eine ganz böse und üble Nazizeitung, die in schändlicher Weise gegen die Juden hetzte. Meinem Vater und auch anderen Bürgern hat das sehr wehgetan. Ich bin ganz sicher, dass ich nie aus der Nähe in diesen Kasten gesehen habe. Ob Vater das verboten hat, weiß ich nicht. Aber unsere Scham war so groß, dass es wohl keines Verbotes bedurfte. Die Vinnumer – glaube ich jedenfalls – verstanden nicht und wollten nicht verstehen, was dort geschrieben stand. Sie hatten auch keinen Anlass, die Juden aus Bork für böse Menschen zu halten. Man kaufte in ihren Geschäften, man verkaufte vor allem das Vieh an die jüdischen Händler und ich kann mich nicht erinnern, dass die Juden in irgendeiner Weise übel beleumdet waren.

Eine kleine Begebenheit kann geeignet sein, unser Unverständnis zu beschreiben: Am Stürmerkasten an Horstmanns Schmiede stand in großen Lettern: „Die Juden sind unser Unglück." Als einmal eine jüdische Frau, es war Frau Weinberg, von Mutter ein Huhn bekam – natürlich geschenkt –, sagte meine Schwester Martha zu Mutter: *„Use Juden sind öwe ken Unglück."* Meine Schwester Martha hatte einer anderen jüdischen Familie in Bork heimlich ein Huhn auf deren Fensterbank gelegt. Sie konnte nicht verstehen, was das mit einem Unglück zu tun haben sollte.

Allerdings habe ich noch immer einen Vorgang in übler Erinnerung. Weil Vater nicht gestattete, dass wir in der Hitlerjugend organisiert waren, suchten wir einen Ausweg, um nicht völlig abseits zu stehen. Deshalb ging ich nach Bork in eine so genannte

„Flieger-HJ", ohne Flieger und ohne Uniform. Von Fliegerei war ebenso wenig zu spüren wie von politischer Erziehung, Uniform oder Mitgliedschaft. Umso mehr aber vom Fußball. Ich spielte Rechtsaußen. In dieser Mannschaft waren auch die Söhne eines Wirtes. Als wir nach einem Spiel an einem jüdischen Haus vorbeikamen, warf einer von ihnen eine Flasche an die geschlossenen Fensterläden. Das hat mich so sehr erschrocken, dass ich davon zu Hause kein Wort gesagt habe. Wahrscheinlich hätte Vater mich nicht mehr zum Fußball nach Bork gelassen. Die jüngeren Bewohner des Hauses Weinberg konnten später noch das Land verlassen. Deren Eltern und auch die anderen Juden aus Bork sind in den KZs und in den Gaskammern umgekommen. Der Flaschenwerfer hat sich meines Wissens nach dem Krieg das Leben genommen.

Aus der frühen Jugendzeit

Nun sollte ich doch auch noch versuchen, etwas über meine frühe Jugend, meine Schulzeit, über das Leben in unserem Dorf und vielleicht auch über meine Freundschaften, Liebhabereien, über unsere Spiele und, und, und zu erzählen. Davon gibt es in mir einen so großen Vorrat, dass er immer noch meine Träume füllt. Es ist tröstlich, dass die Erinnerung an Kinderzeiten in den Träumen viel lebendiger ist als an das Grauen des Krieges. Bin ich gegen alle Regeln in der Lage, mir Träume auszusuchen? Wie diese Mischungen aus Erinnerung und Fantasie zustande kommen, kann ich mir nicht erklären. Jedenfalls bin ich auch mit meinen Träumen leidlich zufrieden.

Ohne großen Plan erzähle ich also jetzt munter drauf los.

Ostrops Kinder waren nicht ganz so wie die anderen. Keineswegs besser, wohl aber etwas mehr behütet, sehr umsorgt. Das war nicht immer angenehm. Vor allem empfand ich viele Einschränkungen als Benachteiligung gegenüber meinen Altersgenossen. So durften wir abends nach dem Essen grundsätzlich nicht mehr den Hof verlassen. Wenn wir Glück hatten, kamen die anderen dann zu uns. Wenn nicht, hörte ich sie im Dorf herumtollen. Am anderen Tag hatten sie tolle Sachen zu erzählen, alles an meiner Nase vorbei. Bei besonderen Ereignissen – ich erinnere mich lebhaft an zwei Brände – durften wir uns nur bis auf eine gewisse Entfernung dieser „tollen Sache“ nähern, während andere Jungs und Mädchen viel dichter dran waren. Ich fand das sehr ungerecht.

Bis meiner Neugier endlich eine Art göttlicher Fügung zugute kam, denn das brennende Haus stand nur gut hundert Meter von unserem Hof entfernt. Es konnte auch kein Zufall sein, dass ausgerechnet das Haus von Pötters brannte. Allen stand es im Wege, fast mitten auf der Straße, und die Vinnumer mussten seit hundert Jahren – das Haus war bestimmt so alt – einen Bogen um Pötters Haus machen. „Doch mit des Geschickes Mächten ist kein ew’ger Bund zu flechten und das Unglück schreitet schnell“, meinte schon Friedrich Schiller in der „Glocke“. Die Vinnumer allerdings waren zum Unterschied zu Schiller über die Feuersbrunst keineswegs bestürzt. Im Gegenteil: sie blickten wohlgefällig in die Flammen. Sie beförderten sogar die Katastrophe, indem sie mit langen Wiesböhmen, dicken Stangen, die man über die Fuder legt, die Stützen des Fachwerkhauses von den Fundamenten donnerten und in lauten Jubel ausbrachen, wenn wieder etwas zusammenkrachte. Ich hatte schon damals den Eindruck, dass sie mit des Geschickes Mächten doch einen Bund geschlossen hatten. Bis plötzlich ein Aufschrei durch die Menge ging: „*Se kuomt.*" Gemeint war die Olfener Feuerwehr und der Wachtmeister und die Wiesböhme flogen über die Hecken. Die Olfener hätten zu Hause bleiben können, denn es gab nichts mehr zu retten. Die Feuerversicherung musste einen Totalschaden registrieren. Unser Papa bemühte Schillers „Glocke". „*Leergebrannt ist die Stätte, rauer Stürme wildes Bette.*" Und dann wurde die „Glocke" aktualisiert. Wieder unser Papa: „*Einen Blick zum Grabe seiner Habe, wirft Pöttes Jopp noch mal zurück*". Dann die neue Fassung: „*Greift fröhlich dann zum Wanderstabe und zieht in Ostrops Spieker.*" Dort wohnten Pötters ein knappes Jahr und dann zogen sie in ihr schönes neues Haus an den Rand des Dorfes. Papa machte sich auch darauf seinen Reim: „*De laiwe Gott doit nix es fügen.*"

Als Jahre später unsere große Scheune brannte mit der gesamten Getreide- und Kartoffelernte, mit der Wagenremise und allen Wagen, da war nichts von der fröhlichen Gelassenheit bei Pötters Häuserbrand zu spüren. Papa konnte gerade noch unsere Kutsche aus den Flammen ziehen. Damit war unser wichtigstes Gefährt gerettet und gleichzeitig die Brandursache geklärt. Denn in der Kutsche lag kein anderer als unser Brandstifter, Nachbars Jöppken. Außer dem Schrecken bekam er eine ordentliche Tracht Prügel, und zwar von seiner Mutter, die uns bei der großen Wäsche half. Die Vinnumer Feuerspritze war so altersschwach, dass sie gar nicht erst zum Einsatz kam. Die Olfener aber kamen, sahen und gaben eine Wucht an. Sie mussten auch zwei oder drei Nächte bleiben, um das wieder aufflackernde Feuer zu löschen. Dabei haben sie zum Entsetzen meiner Mutter zwei oder drei ihrer Schinken aufgefuttert und nicht nur die Scheune, sondern auch den allen Feuerwehrmännern eigenen Durst gelöscht.

Wegen der feindlichen Nachtflieger durfte kein Feuerchen brennen. Direkt hinter der Lippe aber war eine große Fläche der Rieselfelder hell erleuchtet. Die Landesverteidiger hatten sich ein besonderes Stückchen ausgetüftelt. Sie stellten Attrappen von Fabrikanlagen auf die Felder, machten Feuerchen, vernebelten das Ganze und nannten es Täuschungsanlage. Die Engländer und Amerikaner sollten hier ihre Bomben abwerfen und nicht auf das verdunkelte Gelände der einige Kilometer entfernten Aluminiumfabrik. Das taten sie aber nicht, denn Papa hielt sie für klüger als die Erfinder der Täuschungsanlage. Natürlich hatte er auch für dieses Theater seinen Spott parat. „*Du sass sahn, datt de Tommys noch Holtbomben op use Täuschungsanlage schmiet.*"

Dank unseres Fischteiches im Plessen lernte ich schon früh das Schwimmen, konnte es besser als viele andere, durfte aber trotzdem nicht ohne erwachsene Aufsicht in den Kanal springen. Ganz zu schweigen von der Lippe, an deren Nähe wir unsere Wiesen und Felder hatten. Papa hat mich allerdings – ich muss das zu seiner Ehre unbedingt erwähnen – einige Male in die Lippe gelassen. Dann wurde mir eine lange Pferdeleine wie einem Bergsteiger kunstvoll und mit vielen Knoten um den Leib gebunden. Vater hielt mit beiden Händen fest. Ich fand das Ganze zwar nicht entwürdigend, aber doch so schlimm, dass ich meinen Kumpels nie davon erzählt habe. So ist mir wenigstens dieser Spott erspart geblieben.

Übrigens habe ich in den letzten Jahren immer dann an diese „Sonderbehandlung" gedacht, wenn meine Tochter Maria nicht gestattete, ihre Kinder „unangeschnallt" nur hundert Meter weit im Auto zu transportieren. Offensichtlich eine Gene, die vom Urgroßvater bis zu den Enkeln reicht. Es gibt also nichts Neues unter der Sonne!

Ich sagte schon, dass ich mich gegenüber meinen Schulkameraden benachteiligt fühlte. Zum Unterschied von allen anderen hatte ich einen ganz kurzen Schulweg, vielleicht hundert Meter. War die Schule aus, dann musste ich nach kurzer Zeit ausscheren aus der tatendurstigen Kolonne. Am anderen Tage hörte ich dann mit einer gewissen Eifersucht, was sich noch zugetragen hatte, alles ohne mich.

Dann waren auch die meisten Schüler besser gekleidet als unsereins. Meinte ich jedenfalls. Die trugen den festen gerippten klassischen Manchester, und ich armer Kerl musste *Bleyle* tragen. Die Anderen hielten ihre langen schwarzen Strümpfe vornehmlich mit Einkochringen fest, und ich armer Kerl musste ein Leibchen tragen. Ich schämte mich immer ein wenig, weil die privilegierten Einkoch-Ringen-Träger gelegentlich befanden, so was trügen doch nur die Mädchen. Das Sozialgefälle zu meinen Lasten war damals schon ein Ärgernis. Ich hielt einfach das für gut und richtig, was die Mehrheit trug. Mit den Butterbroten ging das nicht anders. Ernst Mengelkamp (nur er und Paul Streil haben aus unserer Klasse den Krieg überlebt) hatte immer „*gekofften*" Stuten, den er am Bäckerwagen erstanden hatte und zu allem Überfluss auch noch ein *Bömsken* obendrauf kriegte. Ich musste weißen Stuten essen. Dieser wurde an einem bestimmten Wochentag von Mama oder Tante Hanna im Steinofen gebacken. Den Teig kneteten sie in einem großen hölzernen Trog mit den Fäusten. Das war schwere Arbeit, schweißtreibende Frauensache. In dem Zusammenhang hielt ich den Text der Vertreibung aus dem Paradies für sehr unvollständig. Wieso sollte man im Schweiße seines Angesichts sein Brot essen? Wieso nicht schon vorher beim Kneten schwitzen? Ich meine, es wären jeweils ein gutes Dutzend Brote gewesen, die wir warm und duftend vom Spieker in unseren Hauskeller trugen. Vorher aber wurden jene nicht ganz so schönen und runden Laibe aussortiert, so etwa drei Stück. Sie wurden aufgebrochen und noch einmal zum Nachsitzen in den Ofen geschoben. Wenn sie trocken und knusperig waren, bekamen sie einen neuen Namen. Dann waren es *Knabbeln*. Die Westfalen sind stolz auf dieses Produkt. Man kann es in vielen Bäckereien kaufen. *Knabbeln* kamen in ein *Kümpken* und wurden mit Kaffee aufgeweicht. An Sonntagen gab es Zucker dazu. Für die Knechte und Mägde und natürlich auch für meine erwachsene Familie gehörten die *Knabbeln* zum täglichen Brot. Vornehmlich im Winter wurde statt Kaffee ausgelassenes Fett über die *Knabbeln* geschüttet. Dann hatten wir *Fettsoppen*.

Zurück zu meiner Jungenzeit und dem Verhältnis zu meinen Spielkameraden. Auf geheimnisvolle Weise und ohne einen besonderen Anlass hatten unsere Spiele eine Art Saison. Da wurde einige Wochen lang geknickert, also mit Tonkügelchen gekätzt. Mit dem gespannten Zeigefinger zielte man den Knicker auf den des Gegners. Hatte man ihn getroffen, wechselte er seinen Besitzer. So sammelte sich bei den Siegern ein ganzer Haufen in der Hosentasche. Die Manchester-Hose hing schief vom

Leibe. Diese Siegertypen trugen ihre Last mit Stolz und Würde. Und ich bin noch heute ein wenig unglücklich, weil ich selten zu dieser Elite gehörte. Ich erinnere mich daran, dass der hoch betagte Konrad Adenauer in seinem Urlaubsort Cadenabia auch knickerte. Er spielte eine etwas anspruchslose Abart unseres Knickers: Boccia.

In der nächsten Saison gab es *Settklotschmieten*, das Setzklotzwerfen. Tante Mix hat mir zu meinem letzten Geburtstag so einen *Hüldopp* geschenkt, mit dem unausgesprochenen Verdacht, dass ich mich schon in der zweiten Kindheit befände. Der *Settklott* wurde mittels Hanfschnur in rasenden Umlauf versetzt. Bei jedem Wurf versuchte man, dem *Settklott* des Kameraden mit dem Pin eine Beule zu verpassen. Damit man sich vor diesen Einschlägen schützen konnte, trug ein zünftiger *Settklot* einen Schutzschild aus Heftzwecken. Dies war aber nach Meinung der Minderbegabten unfair. Damals gab es noch kein Regelwerk in dieser Sportart. Ich bin aber überzeugt, dass *Settklotschmieten* bald zu einer olympischen Disziplin erkoren wird. Dann spätestens wird ein hohes Komitee befinden: Heftzwecken gehören nicht auf den *Settklott*. Doping ist ja auch verboten.

Später dann wurde „Tauben" gespielt. Den Taubenschlag zeichneten wir mit der Holzschuhspitze in den Sand. Den mitspielenden menschlichen Tauben wurde ohne Widerspruch ein Geschlecht verpasst, was schon deswegen wichtig war, weil der Täuberich ja seine Täubin hin und wieder treten musste. Folglich legten sie auch Eier und kriegten Junge. Eine Farbe wurde entsprechend dem Federkleid der richtigen Tauben auch verliehen, eine Art Taufe. Es gab also Gehämmerte, Blaue, Swatte und Fahle. Man hatte keinen Anspruch auf Verleihung einer bestimmten Farbe, weil die Fahlen die beliebtesten waren. Am Ende wären alle Tauben unseres Schlages fahl gewesen. Ich tröstete mich mit der Erkenntnis, dass wir uns selbst ja auch die Haarfarbe nicht aussuchen konnten. Sonst hätte sich Westrups Jopp – er war rot – statt der „*rouden Pannen*" was Fahles ausgesucht.

Die Tauben wurden natürlich auch verschickt, so wie es die Brieftaubenvatters machten. Die richtigen Tauben wurden bei der Jung-Tour in Ahlen gestartet. Die nächste Auflassstation war Gütersloh, dann kam Lohne, Lehrte, Stettin, Danzig, Gardelegen und schließlich Insterburg. Soweit wollten wir es nicht treiben.

In unserem Taubenspiel war Ostrops Hof allenfalls Lehrte. Am liebsten wurden wir Tauben nach Insterburg geschickt; das war das „*Kruse Böimken*“ in der Heide, aber weit genug, um schlimme Sachen zu erleben. Da kreuzte ein Sperber unsere Flugschneise. Der war vorher eingewiesen und kam meist aus dem Hinterhalt. Unterwegs bekamen wir auch Schwächeanfälle, mussten auf der Hofmauer von Ostrops eine lange Pause machen. Ostrops waren besonders taubenlieb. Da bekam man eine Atzung, die man zum Beweis seiner Erschöpfung aus der Hand des Vogelfreundes zu picken hatte. Dem müden Vogel wurde auch ein Zettelchen angehängt mit dem Vers: „Sag deinem Herrn, du gutes Tier, dass er sich für Futter und Trank bedanke bei mir.“

Besondere Eile, in den Schlag zu kommen, hatten wir Tauben nicht. Weil der Taubenvatter eine besonders hohe Stellung hatte und wir deshalb missgünstig waren, ärgerten wir ihn mit einer späten Heimkehr. Eine Untugend, die mancher Taubendarsteller zeitlebens beibehalten hat. Das Spiel hatte, wenn auch ungewollt, einen pädagogischen Sinn: wir wussten schon in früher Jugend, wo Insterburg, Gardelegen und Gumbinnen lag.

Ich merke, wie ich mich bei den Erinnerungen an die Kinderzeit in Einzelheiten verliere, von denen der Leser dieser Zeilen nicht unbedingt wissen muss. Für mich aber sind sie ein wichtiger Teil meiner Erinnerungen. Nur so kann ich mir erklären, dass ich in meinen Träumen noch oft in Vinnum bin, wo sich immer Neues ereignet und der Schlaf merklich erholsamer ist als die träumende Erinnerung an schlimme Zeiten, von denen ich ja noch schreiben muss.

Keine Bildungsmisere in der Zwergschule

Die Schule machte mir keine Probleme. In den ersten Jahren hatten wir nur einen Klassenraum für vier Altersjahrgänge und auch nur eine Lehrerin. Man nannte sie noch „Fräulein", weil die katholischen Lehrerinnen selten verheiratet waren und der Titel „Frau" eben den wirklichen Frauen vorbehalten war. Damals hatte ich nicht den Eindruck, ein Zeitzeuge der später so genannten Bildungsmisere zu sein. Niemand sprach von PISA, der Untersuchung des Schulwesens in den europäischen Ländern, bei der die deutschen Schulen schlechte Noten bekamen. Da ist man versucht die Zwergschule in Vinnum nicht ganz so schlecht zu finden. In unserer Grundschule saßen wir in den reichlich gekerbten Bänken. Fräulein Grote verfügte eine bestimmte Sitzordnung. Die „I-Dötzkes" und auch die, welche ihrer besonderen Aufmerksamkeit bedurften, saßen in den ersten Bänken. Manchmal wurde auch ich nach vorne geholt, um eine bestimmte Bildungstätigkeit auszuüben. Ich durfte die Schreibübungen der Erstklässler überwachen, was mir erstmalig ein zartes Gefühl der Überlegenheit bescherte: Inhaber eines Lehramtes mit neun Jahren.

Ich erinnere mich, dass ich einmal neben Lohaus' Teni saß. Teni war ein liebes Mädchen. Für einen Heiratsantrag schien mir die Zeit noch nicht reif. Deshalb versuchte ich es mit einer indirekten Frage: „Teni, wen willst Du denn heiraten?" Teni guckte mich ganz lieb an und flüsterte: „Dich." Wie man weiß, ist daraus nichts geworden. Aber aus Teni ist was geworden: eine tüchtige, liebe Bäuerin. Wir wollen offen lassen, ob das auf meine erste Lehrtätigkeit in der ersten Bank der katholischen Volksschule in Vinnum zurückzuführen ist.

Aus dieser Zeit habe ich noch eine schmerzhafte Erinnerung. Während des Unterrichtes hörte ich, wie bei uns auf dem Hofe ein Schuss fiel. Weil wir eine schon gebrechliche Dackelhündin namens Waldine hatten und ich irgendwie gehört hatte, es wäre für Waldine besser, im Hundehimmel zu sein als über unseren Hof zu humpeln, war mir sofort klar: Papa hat Waldine erschossen. Ich habe heftige Weinkrämpfe bekommen, ohne dass ich Fräulein Grote die Gründe sagen konnte. Da hat sie mich einfach nach Hause geschickt. Mama hat mich getröstet und ich habe bald verstanden, dass Vater unsere Waldine von ihrem Leid erlösen musste.

Die Tierliebe brauchte bei uns zu Hause nicht eingeübt zu werden. Es gab nichts Schöneres als ein kleines Kälbchen. Sobald es auf den Beinen stand und trocken war, hielten wir ihm unsere Hand ans Maul. Das Kälbchen lutschte eifrig an unserer Hand und unseren ganzen Körper durchströmte ein wohliges Kribbeln. Noch heute, mit 82 Jahren, füttert meine ältere Schwester Maria auf ihrem Bauernhof die Bullen. Sie kann es trotz gut gemeinter Abmahnungen nicht lassen und rechtfertigt sich dann mit der Behauptung: *„De Bullens freit sik so wenn ick kum."*

Nicht nur bei uns, sondern auf allen Bauernhöfen waren die Pferde Ausdruck des mehr oder weniger großen Wohlstandes. Wie der Herr, so das Geschärr. Die Geburt eines Fohlens war ein festliches Ereignis, das wir stolz im ganzen Dorf verkündeten. Ein besonders schmerzhaftes Problem entstand, wenn eines der Pferde wegen seines Alters die schwere Arbeit nicht mehr leisten konnte. Mit dem Gnadenbrot hatte es auch seine Grenzen. So blieb nichts anderes als das Tier dem Schlachter zu überlassen. Das war für Papa ein schwerer Entschluss. Er befürchtete nämlich, dass der Schlachter gar nicht tat, was seines Handwerks ist, sondern das Pferd als Grubenpferd verkaufte. Eine solche Vorstellung war auch für uns unerträglich. Wir kannten die grausigen Geschichten von den blinden Grubenpferden, die nie mehr das Tageslicht und die Sonne sehen durften.

Von diesen Grubenpferden, die unten die Loren schleppen mussten, gab es rührende Geschichten. Diese konnten beim Anziehen die Wagen zählen, und wenn es nach dem achten Wagen noch einen Ruck gab, dann blieb Max stehen. Das waren die ersten Streiks im deutschen Kohlebergbau. Damit unseren Pferden ein solches Schicksal erspart blieb, hatte der Pferdemetzger den Schweif des toten Tieres vorzuzeigen.

Es soll noch gesagt sein, dass mein achtjähriger Schulbesuch mit Ausnahme der ersten zwei Jahre in der Zeit des damals so genannten tausendjährigen Reiches stattfand. Ich kann mich gut erinnern, wie der Ungeist auch allmählich in das Schulgeschehen eindrang. Wir hatten zwar noch über lange Strecken katholische Schulbücher, aus denen ich heute ganze Seiten auswendig kann. Von außen her aber begann die Partei sich in den Erziehungsprozess einzumischen. Irgendwann wurde die Hitlerjugend gegründet. Pimpfe gab es auch. Es wurden Uniformen angeschafft und nicht ungeschickt mit Methoden der Pfadfinder Eindruck gemacht: braunes Hemd, Knotenschlips, Koppel mit Schulterriemen und Fahrtenmesser. Papa hielt das Ganze für einen hinterhältigen Spuk, nichts für seinen Sohn.

Schließlich wurde der Samstag schulfrei und durch einen „Staatsjugendtag“ ersetzt. Zur Schulung erschien dann ein „Fähnleinführer“ aus Olfen. Bei den Geländespielen, die schon ein Ansatz für die spätere offizielle Wehrertüchtigung waren, kamen die Kämpfer auch auf unseren Hof und wurden von Vater lautstark und mit großer Erregung von „*minen Hoff*“ gejagt. Als die Staatsjugend sich noch mit dem Hinweis erklären wollte, heute sei doch Staatsjugendtag, donnerte mein Vater: „*Ick scheiß wat op inken Staatsjugendtag.*“ Unser Papa benutzte sonst nie ein solches Vokabular. Hier schien es ihm angebracht zu sein.

An diesem Tag habe ich in aller Deutlichkeit gespürt, mit welcher Verachtung Vater diesem Regime gegenüberstand. Für ihn war völlig klar, dass seine Kinder weder am Staatsjugendtag noch sonst die Uniform der Hitlerjugend tragen würden. Ich habe auch nie am Staatsjugendtag teilgenommen. Für mich war es nicht einfach, von dieser Jugendgemeinschaft ausgeschlossen zu sein. Eines Tages wurde ich ohne eine nähere Begründung zu unserer Gemeindeverwaltung nach Olfen bestellt. Dort verwickelte mich ein Ortsfremder in ein längeres Gespräch, an dessen Einzelheiten ich mich nicht mehr erinnern kann. Mein Vater ging den Dingen nach und erfuhr, dass ein Beauftragter der Partei Jungen suchte, die für eine Schulung in einer NAPOLA, einer nationalsozialistischen Erziehungsanstalt, besonders geeignet seien. Dass meine – wenn überhaupt vorhandene – Begabung durch die Partei noch nicht entdeckt sein konnte, war völlig klar. Ich konnte also nur von meinem Lehrer Kissenbeck empfohlen worden sein. So war es auch. Der Rest des Geschehens wurde unter meinem Vater und meinem Lehrer unter Ausschluss der Öffentlichkeit abgehandelt.

In der Schule wurde zu meiner Zeit noch Religionsunterricht durch einen Kaplan aus Olfen erteilt. Irgendwann bekam er Hausverbot und lehrte den Katechismus in der Kirche. Dort war es manchmal bitter kalt und man verzog sich dann in Ostrops Küche oder in die Wohnstube.

Ein Fantasiestifter

Ein besonderes Kapitel bin ich meinem Lehrer Arnold Kissenbeck schuldig. Wenn mir außer meinem Vater jemand die Augen geöffnet, meinen Blick geweitet und meine Fantasie beflügelt hat, dann war es dieser Lehrer. Er hatte eine unbändige Fantasie, ließ seine gedanklichen Ausflüge grenzenlos schweifen und scherte sich auch nicht um den Stundenplan. Ernst Mengelkamp und ich haben es öfter als einmal fertig gebracht, ihn während einer Stunde völlig vom Thema abzubringen, indem wir ihm ohne Zusammenhang zum Unterrichtsstoff eine Frage stellten. Dann schnappte er zu und wir befanden uns bald bei den alten Römern, bei Napoleon, bei der französischen Revolution. Er hatte riesige Vorräte an lateinischen Redewendungen, die er allerdings stets auf Vinnumer Niveau transferieren musste. Wenn die Plumpsklos nicht sauber waren, drückte er seinen Unwillen auf Latein aus, um sofort zu übersetzen: „Von dem Zustand der Aborte kann man nicht selten auf den Bildungsgrad der Hausbewohner schließen."

Unsere gefährlichen Wege führten uns durch die Skylla und Charybdis, also durch die Straße von Messina. Wenn er jemanden erwartete, kam der frei nach Tell und Schiller „durch diese hohle Gasse". Er lehrte uns den Rütli-Schwur und ließ „nächtlich am Busento dumpfe Lieder lispeln"

Nölle, sein Spitzname, führte Lehrmethoden ein, die er bestimmt nicht im Lehrerseminar studiert hatte. Die Deutschstunden waren Ausflüge in die weite Welt. Er veranstaltete wöchentlich einen Aufsatzwettbewerb. Der Klassensieger durfte sich hinter sein Pult einen kleinen Wimpel hängen mit der Aufschrift: „Das blaue Band im Aufsatz besitze ich." Ich durfte meinen Namen nicht selten auf einen Zettel schreiben. Lehrer Nölle hatte mich schon angesteckt.

Eine andere seiner pädagogischen Methoden bestand in der Aufgabe, in jeder Woche ein Gedicht nach freier Auswahl lernen zu müssen. Niehus' Jop verstand es hier wie anderwärts der Sache die beste Seite abzugewinnen. Sein längstes Gedicht hieß „Der Spatz im Winter." Der Text des Werkes:

„Buerken Buerken, lo mi in dien Schürken."

Noch heute habe ich manches in meinem Repertoire: den „Kaiser Rotbart lobesam", den „Kampf mit dem Drachen", den „Herrn von Ribbeck auf Ribbeck", die über den Eriesee jagende Schwalbe, Nis Randers „Ehre der Arbeit", „Letzte Ernte" und die Magd, die an einem Tag drei Äcker Gerste schneiden musste, um den Sohn vor dem Galgen zu retten. Ganze Passagen aus „Wilhelm Tell" und der „Glocke" kann ich wach und im Traum noch fehlerlos aufsagen. In vorgerückten Stunden probiere ich es auch hin und wieder. Meine Zuhörer sind dann meist gnädig, weil sie sich genau wie ich in vorgerückter Stunde befinden und bei der Beurteilung Gnade vor Recht ergehen lassen. Das stärkt mein Selbstwertgefühl.

Wenn ich sehr viel später als Abgeordneter Wahlreden halten musste, habe ich gelegentlich mit meiner schulischen Herkunft kokettiert und gestanden, ich sei das Produkt einer ungegliederten Landschule. Meist hatte ich dann einen verständnisvollen Heiterkeitserfolg, zumal der große Teil meiner Zuhörer mein Bildungsschicksal teilte. Ein Zuhörer allerdings hat mir gezeigt, was eine Harke ist. Als ich mich einmal mehr als das Produkt einer ungegliederten Landschule zu erkennen gab, rief er: „Das merkt man auch!"

Ich hänge noch immer an meinem Lehrer. Er stammte aus Wiedenbrück in Ostwestfalen. Nölle war ein für unsere Ansprüche ausgezeichneter Turner. In der Turnstunde drehte er seine Wellen auf dem fest installierten Reck oder auf dem Barren, die Sommer oder Winter in einer Ecke des Schulhofes standen. Turnen war nicht mein Lieblingsfach. Meine persönliche Höchstmarke waren sieben Klimmzüge. Ich war froh, wenn ich einen passablen Schnitt erreichte. Es fuchste mich allerdings, dass unsere Manchesterträger mir sehr überlegen waren. Schon damals war mir klar: Kleider machen Leute.

Nölle war auch ein leidenschaftlicher Radfahrer. In den großen Ferien stieg er auf sein besonders edles Stahlross. Es hatte Ballonräder, also besonders dicke Reifen und einen Sattel mit vielen Stahlfedern.

Nach den Ferien reisten wir gedanklich mit ihm durch Großdeutschland und wir fanden das viel interessanter als die bei anderen Lehrern übliche Methode, Städte und Flüsse und Burgen auswendig zu lernen. Wir hatten einen Augenzeugen. Eine Fahrt kann ich ihm bis heute nicht verzeihen. Er kam auf der Rückfahrt von Ostpreußen über Berlin. Just zu dieser Zeit, 1936, fanden in Berlin die Olympischen Spiele statt. Nölle aber machte einen großen Bogen. Für mich wäre es eine ganz dolle Sache gewesen, wenn ich einen Augenzeugen des 10 000-Meter-Laufes gehört hätte. Ich selbst lag während der Spiele vor unserem Volksempfänger und war hingerissen. So sehr, dass ich noch weiß, wie die Finnen Salmona, Askola und Isohollo vor dem kleinen Japaner Murakuso die 10 Kilometer gewannen. Oder Lovelok aus Neuseeland, Cunningham aus Amerika und Beccali aus Italien die 1.500 Meter. Und der schwarze Jesse Owens und Helen Stephan die 100 Meter. Und Gisela Mauermeier (deutsch!) das Diskuswerfen. Tilli Fleischer (deutsch!) den Speerwurf. Und so weiter.

Ein zeitkritischer Leser dieser Zeilen mag denken, dass die Spiele 1936 deswegen noch präsent sind, weil der so genannte Führer nicht nur mich, sondern ganz Deutschland und einen Teil der Welt mit einer nationalistisch gefärbten Show begeistert hätte. Die französischen Athleten entboten Adolf Hitler mit erhobenem Arm den Deutschen Gruß. Bei mir war das bestimmt nicht der Fall. Allerdings sei eingestanden, dass ich lieber Deutsche siegen sah als Japaner, Russen oder Amerikaner. Bei Fußball-Länderspielen ist das auch heute noch so.

Ich komme nicht von meinem Lehrer Nölle los. Er war bestimmt kein Nazi, aber er war auch Staatsbeamter und war seinem Dienstherrn verpflichtet. Einmal kam er in eine schlimme Verlegenheit. Albert Niehus, ein kluger Vetter von dem vorher gerühmten Rezitator mit seinem „Spatz im Winter“, hatte angeblich bei einer der öfter stattfindenden Flaggenhissung auf dem Schulhof statt des vorgeschriebenen Fahneneides gemurmelt: „Ich schwöre, dass die Fahne ein Lump ist.“ Irgendeine Parteileitung hatte von dieser vaterländischen Todsünde gehört und prompt kamen die Nazis zur Visitation. Es gab Verhöre und Maßregelungen und einen Riesenaufruhr. Nölle war sehr verunsichert und der arme Flaggenschänder Albert hat fürchterlich gelitten, zumal er gestand, den lästerlichen Spruch auch selbst erfunden zu haben. Albert Niehus ist in Russland gefallen.

Nölle konnte auch fluchen, aber relativ gesittet. Wenn er glaubte, dafür einen Anlass zu haben, nahm er zunächst einen Fluch minderer Heftigkeit.

Stufe 1: „Herrgott von Bentheim."
Stufe 2: „Herrgott von Bentheim Tecklenburg."
Stufe 3: „Herrgott von Bentheim Tecklenburg und Rheda."
Stufe 4: „Herrgott von Bentheim, Tecklenburg Rheda und Wiedenbrück."

Nölles Verzweiflung der höchsten Stufe 5:

„Herrgott von Bentheim ,Tecklenburg Rheda, Wiedenbrück und allen umliegenden Ortschaften."

Nölle musste schon in den ersten Kriegstagen „zur Fahne eilen". Ich sehe noch, wie er nach dem Abschied in meinem Elternhaus über die Tenne rannte und rief: „Nächste Woche sehen wir uns wieder." Nölle war nicht eine Woche fürs Vaterland beschäftigt, sondern sieben Jahre. Zwei Jahre allerdings hätte er sich sparen können. Als er auf der Flucht vor den Engländern desertierte und zunächst in seinem Elternhaus in Wiedenbrück untergekrochen war, machte er sich per Fahrrad, womit denn sonst, auf den Weg nach Vinnum zu seiner Schule. Er hatte in seinem Eifer wohl vergessen, sein Kriegsgewand abzulegen. Jedenfalls schnappten die Engländer den auf dem Seitenstreifen der Autobahn radelnden Krieger, verschenkten ihn an die Franzosen, wo er noch zwei Jahre brummen musste.

Nölle hat später seine in der Unterklasse lehrende Kollegin Fräulein Grothe geheiratet. Das war die große Dorfsensation. Mich und meine Schulfreunde erstaunte das nicht. Wir staunten nur über Jahre hin, dass die beiden nicht verheiratet waren. Nölle ist nach seiner Pensionierung mit seiner Käthe nach Hennef an den Rhein gezogen. Dort hat er bestimmt mit noch größerer Inbrunst seine Rheinlieder gesungen als er dies am Lippestrand in Vinnum schon zu tun beliebte.

Es sei noch erwähnt, dass in der Vinnumer Schulchronik, die ich im Zusammenhang mit dem Ersten Weltkrieg schon zitiert habe, ausgerechnet die „tausend Jahre“ fehlen, in denen der Nationalsozialismus herrschte. Nölle hatte diese Chronik zu führen und ich glaube, dass er, wenn auch nicht aus Überzeugung, aber wohl im Diensteifer, Dinge niedergeschrieben hat, die er der Nachwelt nicht zumuten wollte. Ich habe den Verdacht, dass er die tausend Jahre still und gründlich entsorgt hat.

Eine bedeutende Stunde

Meinem Vater war es vorbehalten, unsere Schule nach dem Kriege wieder zu eröffnen. Nach meiner Heimkehr fand ich den handschriftlichen Text seiner Rede. Für mich und meine Familie ist diese Rede ein schönes Zeugnis seiner Gesinnung und vieler andere Zeitgenossen. Es mag erstaunen, dass sich in dieser Rede pädagogische Grundlinien finden, die für manche unserer Schulen noch heute beispielhaft sein sollten.

> *„Als Mitglied des früheren Schulvorstandes habe ich den amtlichen Auftrag, unsere Schule wieder zu eröffnen. Möge unsere Schule ihre Tore auftun und ihre Quellen erschließen für unsere Jugend nach einer längeren kriegsbedingten Pause und nach einer Periode nationalsozialistischer Bevormundung unter dem alten Namen: ‚Katholische Volksschule Vinnum'.*
>
> *Hochwürdiger Herr Pfarrer, geehrte Frau Lehrerin, meine Damen und Herren, liebe Kinder!*
>
> *Das tausendjährige Reich Adolf Hitlers gehört der Geschichte an. Wir erinnern uns noch seiner Geburtsstunde, sahen sein kurzes wechselvolles Leben und wir waren Zeugen seines furchtbaren Sterbens. Seine Gründer und Führer sind mit ihm ins Grab gesunken. Nicht, als wären sie gefallen an den Schlachtorten des Weltkrieges oder auf den Barrikaden der Reichshauptstadt wie Millionen der von ihnen Verführten es tun mussten. Sie wählten den schmerz- und bewusstlosen Gifttod, um sich der irdischen Gerechtigkeit zu entziehen, da sie an einen ewigen Richter trotz ihrer betonten Gottgläubigkeit nicht geglaubt haben. Wir sind die trauernden Hinterbliebenen.*
>
> *Nicht als ob wir trauern um das, was dieses Reich uns war. Nein. Wir trauern angesichts der Trümmer, die es uns hinterließ. Wir trauern insbesondere angesichts des Meeres von Blut und Tränen, in denen es versunken ist.*
>
> *Es mag verwunderlich erscheinen, dass gerade*

dieses Reich und diese Führung bereits im ersten Jahr der Machtübernahme einen Staatsvertrag schloss mit der katholischen Kirche. Dieses Vertragswerk, das so genannte Konkordat, das in der Vatikanstadt in feierlicher Form unterzeichnet wurde, regelte Rechte und Pflichten der Vertragspartner Staat und Kirche. Die Optimisten unter uns glaubten, in diesem Werk ein günstiges Vorzeichen zu erblicken für ein gedeihliches und ersprießliches Zusammenwirken beider Autoritäten. Die Erfahrung eines Jahrzehnts hat gezeigt, dass jene recht hatten, die die Gesamtentwicklung dieser Zeit von Anfang an mit größter Sorge und dem größten Misstrauen verfolgten. Dass sogar jene richtig informiert waren, die in diesem Vertrag nichts anderes erblickten als den Versuch der nationalsozialistischen Führung, das katholische deutsche Volk in Sicherheit zu wiegen, um es dann für die eigenen finsteren Pläne missbrauchen zu können.

Was haben wir nun entgegen den klaren und eindeutigen Bestimmungen des Vertrages erleben müssen? Wir haben erlebt, dass alle einflussreichen Stellen von kirchenfeindlichen Männern besetzt wurden. Angefangen von Ministern bis zum Schulrat. Dass den katholischen Geistlichen der Zutritt zur Schule untersagt wurde, dass der Religionsunterricht außerhalb der schulplanmäßigen Stunden oder im Winter in den Privathäusern abgehalten werden musste. Wir haben es verständnislos hinnehmen müssen, dass ein ganzer Wochentag zum Staatsjugendtag erklärt wurde, ein Tag, an dem unsere Kinder dem Einfluss ihrer naturrechtlichen Erzieher entzogen wurden, um sie dem Nationalsozialismus auszuliefern. Wie viele dieser Jahrgänge sind später Opfer dieses Wahnsinns geworden?

Wir haben es erlebt, dass sich hier auf diesem Katheder ein so genannter Jugendführer breit machte, ein Uniformierter von 15, 16, 17 Jahren, der an Hand von politischem Schrifttum unseren Kindern

– meine Kinder waren auch dabei – nationalsozialistisches Gedanken- und Ideengut beizubringen versuchte. Ich sage, er hat es versucht. Ich glaube, in meinem Falle ohne Erfolg. Und das zu einer Zeit, als die Saat der Unduldsamkeit und Gewalttätigkeit in der Ermordung des österreichischen Bundeskanzlers die ersten Früchte zeigte. Wir haben es schweigend hinnehmen müssen, dass ein Olfener Bürgermeister und Ortsgruppenleiter, der dem an sich durchaus ehrenwerten Stand der Schweinehändler angehörte, es sich anmaßen durfte, die hiesige Schulbücherei von so genanntem staatsfeindlichen Schrifttum zu ‚reinigen'.

Meine Damen und Herren, es klingt paradox: Während man in Deutschland die Freiheit besang, herrschte eine Zeit der geistigen Versklavung, eine Zeit der Gewissensnot für unsere besten Erzieher, Lehrer und Lehrerinnen und Geistlichen, von denen Tausende in den Konzentrationslagern des Dritten Reiches starben und verdarben.

Meine Damen und Herren, wir bekennen uns zu einer Weltanschauung, die die ewigen Gesetze und Rechtsnormen vertritt. Jene Gesetze, die geschrieben stehen in den zehn Geboten und die ihren Widerhall finden in jedes unverdorbene Menschenherz. ‚Du sollst keinen fremden Gott anbeten, einerlei, ob es sich um eine Person, den Staat, die Rasse oder ein anderes Ideal handelt. Du hast den Tag des Herrn zu heiligen. Du sollst Vater und Mutter ehren und deren Erziehungsrecht respektieren. Du hast dich den Gesetzen von Anstand und Sitte zu unterwerfen. Du hast kein Recht auf deines Nächsten Hab und Gut und Leib und Leben. Du darfst den Nächsten nicht verleumden. Du musst treu sein in deinen Verträgen. Du sollst nicht lügen'.

Das sind tragende Säulen der göttlichen Weltordnung, die man nicht ungestraft unterminieren darf. Sie haben Gültigkeit für alle Völker ohne Unterschied der Rasse. Sie sind bindend für alle Zeiten.

Sie haben Gültigkeit für den Verkehr von Mensch zu Mensch wie im staatlichen und zwischenstaatlichen Leben. Sie verpflichten den einfachen Staatsbürger ebenso wie den Propagandaminister.

Das Symbol dieser Weltanschauung ist das Kreuz – nicht das Hakenkreuz, sondern das Christenkreuz. Wir aber mussten erleben, dass dieses Symbol, das – solange es Schule gibt – den dominierenden Platz hier einnahm, einfach beiseite gesetzt und das Bild des Antichristen Hitler aufgehängt und verehrt werden sollte. Nachdem alle Bemühungen der deutschen Bischöfe, eine Wende herbeizuführen, gescheitert waren, hat Papst Pius XII den Versuch gemacht, das dem Untergang zutreibende deutsche Staatsschiff mit seinem berühmten Rundschreiben ‚Mit brennender Sorge' umzusteuern, das in den Kirchen verlesen wurde. Soweit die Geheime Staatspolizei nicht hindernd eingegriffen hat. (Es folgen die wichtigsten Zitate aus dem Rundschreiben.)

Auch diese letzte Mahnung ist ungehört verhallt. Nachdem man in Deutschland dazu übergegangen war, die Methoden des innenpolitischen Machtkampfes auf die zwischenstaatlichen Beziehungen zu übertragen – mit anderen Worten- als man sich stark genug glaubte, die Methoden des Wortbruchs, des Treuebruchs, des Vertragsbruchs, die Methoden der Vergewaltigung und die Schmähungen zur Norm der deutschen Außenpolitik zu machen, da erhob sich die Welt. Da kam der Krieg. Das war das Ende des Dritten Reiches. Wie Pius XII zwei Jahre früher warnend vorausgesagt hatte. Bedauerlich nur, dass es außerdeutsche Mächte sein mussten, die dieses Ende herbeiführten. Beklagenswert, dass millionenfach vergossenes Blut anklagend sich gen Himmel wendet.

Meine Damen und Herren, inmitten unseres gemeindlichen und dörflichen Lebens steht neben der Dorfkirche die Dorfschule. Sie ist Lehr- und Erziehungsstätte für unsere Jugend. Inmitten der Gemeinde gelegen, hoch und frei schweift der Blick über das weite, schöne Tal. Er bleibt angenehm haften an dem Anblick wohl bestellter Fluren und Felder. Die Geschichte dieser Schule steht geschrieben in der Schulchronik, zu der die jeweiligen Lehrer ihre Beiträge geliefert haben. Zu Anfang waren es meist Klagen der Lehrer über unzureichendes Gehalt. Es sind Bitten und Anträge um Unterstützung in Krankheit und Not. (Es folgen Ereignisse anhand der Schulchronik und besondere Aufsätze der Mädchen und Jungen.)

Aber dieses alles, so wichtig es im Rahmen der Schulgeschichte sein mag, es wird in den Schatten gestellt von der Bedeutung der Stunde, in der wir heute stehen: Der Wiederherstellung der Lehr- und Gewissensfreiheit in unserer Schule. Möge einmal ein späterer Chronist in der Lage sein, berichten zu können von der segensreichen Auswirkung dieser Maßnahme für unser liebes und teures, in der Gegenwart so armes und leidgeprüftes deutsches Volk. Dass dem so sein möge, das walte Gott."

Heinrich Ostrop
(Vater von Maria, Heinrich, Agnes, Paul, Martha, Mathilde, Ludger und Berthold.)

Bereits vor der feierlichen Eröffnung unserer Schule wurde die kleine nationalsozialistische Bibliothek verbrannt. Mein Vater war natürlich dabei. Allerdings hat er Hitlers Buch „Mein Kampf" der Glut entrissen, obwohl er es vorher zur Hölle wünschte. Dieses Buch steht heute als ein wichtiges Zeitdokument in meinem Bücherschrank. Auf der Umschlagseite steht noch immer der Eigentumsstempel „Katholische Volksschule Vinnum".

Die Vinnumer blieben von dem Nazi-Ungeist weitgehend verschont. Nur die Familie, die eine kleine Drogerie und einen Kolonialwarenladen betrieb, bekannte sich nachdrücklich zu diesem System. In meiner kindlichen Einfalt fand ich deren Kinder nicht nett. Einmal habe ich gelauscht, als Vater mit diesem Vinnumer Nationalsozialisten ein sehr ernsthaftes Gespräch führte. Die beiden saßen auf einer Bank vor unserem offenen

Küchenfenster. Da hörte ich, wie mein Vater auf seinen Gesprächspartner einredete und bat, die Kinder doch aus dieser Auseinandersetzung herauszuhalten. Die Söhne der Familie sind für „Führer, Volk und Vaterland den Heldentod" gestorben.

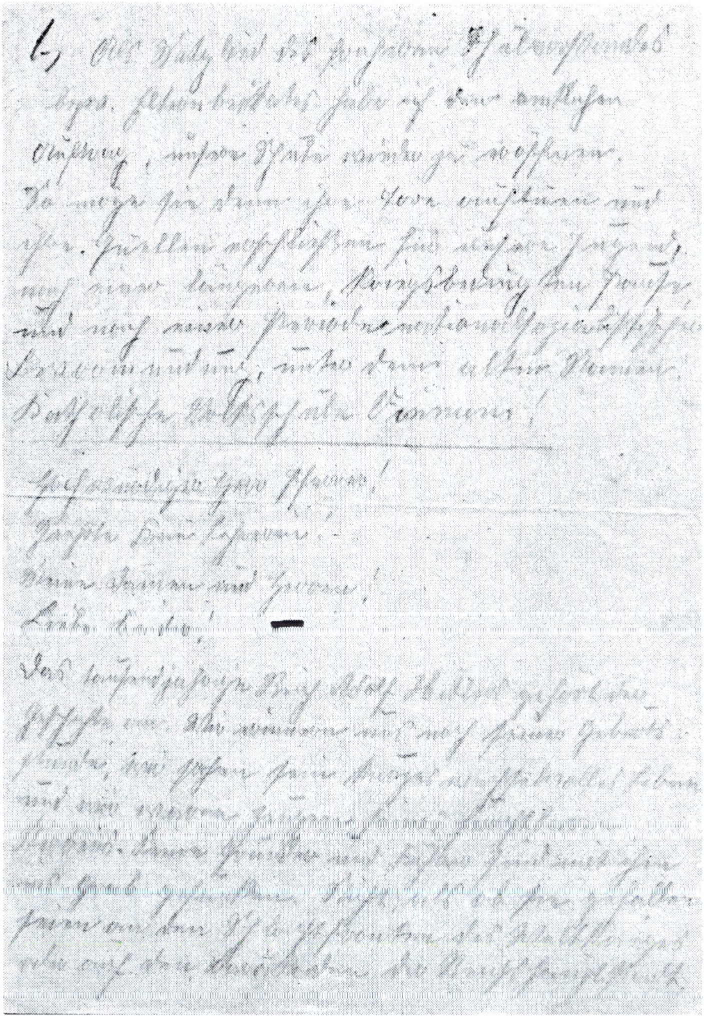

Anfang der Rede von Heinrich Ostrop anlässlich der Schuleröffnung kurz nach Kriegsende

Liebe aber bringt Leben

Als 1939 der Krieg ausbrach, war ich 14 Jahre alt. Ich erinnere mich sehr genau der Bemerkungen meines Vaters: „*Dütmol brukt mine Kinne noch men los.*“ Drei Jahre später hatte sein Ältester einen Stellungsbefehl.

Die militärischen Erfolge, die mit einem ungeheuren Propaganda-Aufwand begleitet wurden, haben sicher einen großen Teil der Bevölkerung in einen Rausch versetzt, der auch bei nachdenklichen Menschen das Wissen um ein verbrecherisches System in den Hintergrund drängte. Mein Vater war gegen solche Versuchungen gefeit. Die Siege zu Lande, zu Wasser und in der Luft (altes Vokabular) ärgerten ihn, weil er zwar auf einen Aufstand gegen Hitler hoffte, die Befreiung vom Nationalsozialismus letztlich nur in einer militärischen Niederlage sah. Das war nach damaligen Kategorien Hochverrat.

Wenn seine Neffen Franz und Theo Luthe, beide waren Theologiestudenten, Heimaturlaub hatten, gab es sehr ernsthafte Gespräche. Heute weiß ich, dass man Frontsoldaten überfordert, wenn man ihnen eine Niederlage herbeiwünscht. Das Neffen-Onkel-Verhältnis blieb intakt.

Als ich nach Rückkehr aus der Gefangenschaft in Vinnum aufgefordert wurde, in dem so genannten Schützenverein zu helfen, ein Schützenfest vorzubereiten, sah ich mich nicht im Stande, dieses, wenn auch harmlose Vergnügen mitzumachen. Ich hatte mir geschworen, nie mehr im Leben zu schießen oder im Gleichschritt zu marschieren. Dabei hatten die Schützen in Vinnum Holzgewehre, der Hauptmann einen Säbel und man schoss mit Kleinkaliber auf einen hölzernen Vogel. Es war also mehr oder weniger eine Karikatur des Soldatenlebens.

In vielen Gesprächen habe ich dann verlangt, dass man zunächst der Toten des Krieges gedenken müsse, und zwar mit einem Denkmal. Weiter habe ich darauf bestanden, nicht wie üblich eine Kanone oder einen Löwen, und auch nicht einen sterbenden Krieger abzubilden.

Ich schreibe das an dieser Stelle, weil ich in der Nacht, als ich am Grab meines gefallenen Vetters in den Bergen des Appenin vor Schmerz die Fassung verloren habe, auch geschworen habe, meinen Teil zur Stiftung und Bewahrung des Friedens einzubringen. Deshalb steht in Vinnum vor der Kirche als Kriegerdenkmal jetzt ein schlichtes, wuchtiges Kreuz. Es trägt die Inschrift: „Hass erzeugt Tod, Liebe aber bringt Leben". Diese Zeile kannte ich von einem Soldatenfriedhof in Italien.

Nachdem meine Schützenbrüder alle meine Bedingungen akzeptiert hatten, konnte ich mich der Beförderung zum Schützenoberst nicht erwehren. Mein Gelübde, nie mehr zu marschieren, war damit nicht gebrochen – ich war beritten!

Bei der Einweihung des Denkmals musste ich die Rede halten. Dies habe ich mit bewegtem Herzen getan. Die Rede muss auch gut gewesen sein. Wie sonst wären die Vinnumer Schützenbrüder auf die Idee gekommen, mich genau 50 Jahre später zu bitten, in einer Rede an gleicher Stelle noch einmal zum Frieden zu mahnen.

Noch Ruhe vor dem Sturm

Nach meiner Entlassung aus der Schule blieb ich zunächst auf dem Hof meiner Eltern. Um in eine landwirtschaftliche Lehre einzutreten, war ich noch zu jung. Auch für eine landwirtschaftliche Fachschule war ich noch nicht reif. Trotzdem bemühte sich Vater, mir einen Platz auf der Landwirtschaftsschule in Horneburg im Kreis Recklinghausen zu besorgen. Der Direktor der Schule hieß Dr. Muer und wohnte in Datteln. Dr. Muer und Vater hatten abgesprochen, meine Reife zu testen. Deshalb saß ich eines Sonntags bei Dr. Muer in Datteln auf dem Sofa, um mich der „landwirtschaftlichen Reifeprüfung" zu unterziehen. Ich muss sie wohl recht gut bestanden haben. Jedenfalls zog ich mit Vaters Begleitung eines Tages auf das Schloss Horneburg. Dort war die Schule untergebracht und auch das Internat, das fortan seinen Ältesten beherbergte. Das war verwunderlich, denn ich hätte auch bei Luthen kostenlos wohnen dürfen, um von dort zur Schule zu fahren. Denn Luthes wohnten nur einen Kilometer von unserer Schule entfernt. Vater aber zahlte lieber mein Schul- und Wohngeld, und das aus einem ganz bestimmten Grund: Er selbst hatte als junger Mann die gleiche Schule in Horneburg besucht. Nachweislich mit besonderem Erfolg, denn ein dicker Band zur Geschichte des westfälischen Bauerntums war die Auszeichnung für den besten Schüler. Das Buch steht auf unserem Bücherbord in Nienberge und ist mir ein wertvolles Andenken. Besonders deshalb, weil ich selbst keines bekommen habe.

Papa hatte in Horneburg Spuren hinterlassen. So zeigte er mir einen Baum, eine dicke Buche. In die Rinde waren seine Initialen eingeschnitzt. Ein riesiges H und ein dickes O. Mit der Buche und ihrer Rinde waren auch das H und das O in die Höhe und in die Breite gegangen, also riesengroß. Mit spitzbübischem Lächeln zeigte mir Vater ein an einen Baum gebundenes Schild mit der Aufschrift: „Schande dem Baumfrevler". Der Baumfrevler Vater zeigte nicht einen Hauch von Reue. Er war sogar stolz, sich auf diese Weise verewigt zu haben.

Sonst aber war er ein Freund der Bäume und des Waldes. Angesichts dicker Eichen auf den münsterländischen Bauernhöfen stellte er keine Rechnungen an über die Zahl der Festmeter und der Preise, wohl aber über die Zahl der Generationen, die im Schatten dieser Bäume gelebt und gearbeitet haben. Ich lernte früh den Grundsatz der Nachhaltigkeit in der Forstwirtschaft kennen und schätzen, obwohl wir dies nicht so nannten.

Meinem späteren Freund Kurt Biedenkopf habe ich davon erzählt. Der nutzte meine Erfahrungen häufig mit Quellenangabe für seine blitzgescheiten Ausführungen über die Verpflichtung der Gesellschaft und des Staates für die kommenden Generationen. Nicht ohne zu vergessen, dass längst vor uns schon Menschen waren, deren Zeitmaß nicht durch Tellerränder begrenzt wurde und denen wir nicht nur herrliche Wälder und fruchtbare Felder verdanken.

Dr. Muer war ein toller Kerl. Er konnte auf den Bänken Handstand machen. Er behauptete auch, er könne sich ohne Schaden mit seinem Auto über den Bauch fahren lassen. Mit einem DKW-Zweitakter. Wir haben sehr bedauert, dass unser Direktor das Experiment immer wieder vertagte, bis schließlich Gras darüber gewachsen war.

Unsere Schulbänke stammten aus dem Mittelalter. Jedenfalls hatten sich viele Generationen mit dem Taschenmesser und ihren Buchstaben darin verewigt. Sie bestanden hauptsächlich aus Kerben. Deshalb durften wir zwecks Schonung des Hinterteils ein Kissen auf die Bank legen. Diese Untersätze dienten in der Pause als Waffen in turbulenten Kissenschlachten. Als Dr. Muer ausgerechnet mich in einer Kampfszene erwischte, bekam ich einen Strafaufsatz aufgebrummt mit dem Thema: „Welche Bedeutung hat das Kissen für den Landwirtschaftsschüler?“ Es drängte sich auf und war kaum zu vermeiden, das Thema falsch zu verstehen. So schrieb ich nicht über die Bedeutung des Kissens sondern über die Bedeutung des Küssens: „Ich bin leider nicht in der Lage, über das Küssen des Landwirtschaftsschülers zu schreiben, weil ich in dieser Sache nicht die geringste Erfahrung habe.“

Diese Behauptung entsprach übrigens den Tatsachen. Dr. Muer fand meinen Aufsatz sehr gut. Mein Vater war von Dr. Muer eingeweiht. Auch er fand den Aufsatz gut. Ich war ziemlich stolz. Weniger des Aufsatzes wegen, sondern weil ich die Genugtuung hatte, zu einem Dreierbund der Verständigen zu gehören.

Unweit unseres Internats stand eine Batterie schwerer Flakgeschütze. Sie ballerten auf die feindlichen Bomber und die Splitter ihrer Granaten regneten vom Himmel. Hier hörte ich zum ersten Mal die grausige Melodie des Krieges. Einmal sah ich, wie ein getroffener Bomber Feuer fing. Einige Besatzungsmitglieder versuchten, sich mit dem Fallschirm zu retten. Das alles geschah im Licht der großen Scheinwerfer, die zur nächtlichen Flugabwehr eingesetzt wurden. Damals war ich tief betroffen, weil die Flak trotz der am Schirm baumelnden Piloten das Feuer nicht einstellte. Die Kanoniere jubelten. Ich ahnte nicht, dass solche Szenen auch bald zu meinem Kriegsalltag gehören sollten.

Die Landwirtschaftsschule war eine „Winterschule". Ich verbrachte auch den nächsten Winter in Horneburg.

Wladka und Edeck

Als Hitler sich 1939 den sowjetischen Diktator Josef Stalin zum Bundesgenossen gemacht hatte und man gemeinsam die Polen überfiel, kamen wenige Wochen später zwei erdbraun gekleidete junge Männer auf unseren Hof. Hinter ihnen lief ein bewaffneter deutscher Soldat. Uns wurden zwei polnische Kriegsgefangene zugeteilt, die tagsüber bei uns zu arbeiten hatten und abends wieder in ein Gefangenenlager gebracht wurden. Sie sprachen so viel Deutsch wie wir polnisch. Während des ganzen Krieges haben sie uns geholfen. Später durften sie auch bei uns auf dem Hofe wohnen. Angesichts der schrecklichen Verhältnisse, unter denen hunderttausende polnischer Zwangsarbeiter zu leiden hatten, klingt es wohl unglaublich, wenn ich sage: Edeck und Wladka fühlten sich bei uns wohl, sicher und geborgen. Sie hatten sehr bald verstanden, wes' Geistes Kind mein Papa war und wie selbstverständlich meine Mutter sie einbezog in ihre vielfältigen Sorgen. Vater besorgte Edeck sogar einen Heimaturlaub. Er kam allerdings nicht zurück, was seinen Kollegen Wladeck zu Zweifeln an Edecks Verstand veranlasste. Wladeck aber blieb uns treu.

Nicht nur bis zum Ende des Krieges. Als er und hunderte anderer Kriegsgefangener nachts wegen der nahenden Front durch Volkssturmsoldaten abgeführt wurden, ließ sich Wladeck einfach in einen Graben fallen und schlich zurück auf Ostrops Hof. Dort verkroch er sich auf dem Boden in einem großen Heuhaufen und stellte am anderen Morgen fest, dass es auch an anderer Stelle des Haufens Leben gab. Dort hatte sich ein desertierter deutscher Soldat verkrochen. Die beiden schlossen kurz und bündig nicht nur einen Nichtangriffspakt, sondern auch ein Hilfs- und Beistandsabkommen. Als die Engländer unseren Hof besetzten, nahm der deutsche Soldat wieder Reißaus. Wladek aber blieb.

Es ist eine kleine und dennoch großartige Geschichte, die sich in den nächsten Wochen vollzog. Ich war vermisst, Papa schon schwerkrank. Die deutschen Soldaten hatten bis auf eines alle unsere Pferde beschlagnahmt, darunter ein wunderbares Passgespann. Wladeck hat dann mit dem letzten Pferd den Hafer gesät, über Wochen die wichtigsten Arbeiten erledigt und uns auch wohl vor marodierenden russischen Kriegsgefangenen beschützt, die, reichlich mit Alkohol versehen, schlimme Raubzüge durchführten und auch vor Mord- und Totschlag nicht zurückschreckten. Als endlich eine gewisse Ordnung hergestellt war, fuhr Wladeck zurück in seine polnische Heimat.

Bis zu seinem Tode ist die Verbindung mit ihm nicht abgerissen. Er hat uns natürlich besucht und wir sind anlässlich der Hochzeit seiner Tochter zu ihm nach Polen gefahren. Bruder Berthold und ich waren besorgt. Es hätte ja sein können, dass Wladeck von der Mitgliedschaft seines Gastes bei der Waffen-SS berichtet hätte, ohne die Umstände zu erwähnen, unter denen dies geschah. Nichts geschah. Im Gegenteil. Um Mitternacht setzten die Polen den Ex-SS-Mann auf den Stuhl, beförderten ihn hundertmal unter die Decke und sangen nach altem polnischen Brauch: „Hundert Jahre soll er leben".

Als wir wieder in unser Auto steigen wollten, kam Wladeck mit einem Berg Kuchen angerannt, der von der Hochzeit übrig geblieben war. Unser Sträuben war vergeblich. Wladeck: „*Was eure Mama mich gegeben, ich jetzt geben zuruck.*" Auf diesen Kuchen waren mein Bruder Berthold und ich richtig stolz. Wir teilten ihn mit zwei jungen Polen, die als Anhalter an der Straße standen.

Wie die SS ihre Soldaten rekrutierte

In der zweiten Hälfte des Jahres 1942 gab es eine Nachricht, die Vaters Hoffnung, sein Sohn würde nicht mehr in diesen Krieg geschickt, als ziemlich vage erscheinen ließ. Ich bekam einen so genannten Bereitstellungsbefehl. Ich hatte mich bereit zu halten, um bald zum Kriegsdienst einberufen zu werden. Für die ganze Familie eine bittere Gewissheit: Ihr 17-Jähriger wird als Soldat an die Front geschickt. Zu unserer großen Überraschung erhielt ich in den letzten Tagen des Jahres einen Stellungsbefehl, mit dem niemand gerechnet hatte. Ich wurde nämlich nicht zur Wehrmacht, zur Luftwaffe oder zur Marine bestellt, sondern zum Reichsarbeitsdienst, RAD.

Der RAD war eine vormilitärisch ausgerichtete Truppe, die nicht mit dem Gewehr, sondern mit dem Spaten kämpfen sollte. Flugplätze bauen, Abwehrwälle schaufeln, Straßen befestigen und so weiter. Damals schien der Ruf zum Arbeitsdienst immer noch besser zu sein als der Dienst im Heer, der ja bald zum Fronteinsatz führen würde. Dennoch: Meine Einberufung zum RAD verstieß gegen alle bis dahin gültigen Regeln, weil Bauern und Bergleute nicht zum RAD eingezogen wurden. Sie sollten ja mit ihrer lebenswichtigen Arbeit zu Hause für Führer, Volk und Vaterland in die Fäuste spucken.

Ich melde mich also am 13. Januar 1943 in Achmer, Kreis Bersenbrück, beim Arbeitsdienst. Der Wechsel weg von der gewohnten häuslichen und familiären Atmosphäre ist schroff. Ich bekomme Vorgesetzte mit mir unbekannten Dienstgraden. Sie argumentieren nicht, sie kommandieren. Der große Teil der Einberufenen stammt aus der mittleren Umgebung. Zumeist kommen sie aus landwirtschaftlichen Berufen. Alle sind überrascht. Sollen wir in Achmer einen Flugplatz bauen? Die Kommandierenden scheuchen uns zum Zeitvertreib über den gefrorenen Sand. Sonst tut sich nichts.

Wir bekommen keinen Spaten, mit dem die älteren Semester des Lagers nicht nur schaufeln lernen, sondern, so hörte man, auch die Feinde erschlagen sollen. Mit dem Ding müssen sie auch exerzieren. Ein albernes, aber mit militärischem Drill ausgeübtes Ritual. Das Kommando lautet: „Spaten fasst an!“ Man haut mit der Hand auf den Spatenstiel, mit dem nächsten Kommando ist das Schanzzeug zu schultern, um es schließlich zu präsentieren. Stillstehen auf Befehl ist die Grundhaltung. Dabei haben die Füße einen nicht ganz rechten Winkel zu bilden. Später, als ich nicht mehr Arbeitsmann, sondern richtiger Soldat war, musste man „die Arschbacken so zusammen kneifen, dass ein dort eingeklemmtes Fünfmarkstück die Prägung verliert".

Noch bin ich Arbeitsdienstler, und zwar in Zivil. Man gibt uns keinen Spaten, keine Uniform und auch keine Zigaretten. Zigaretten nicht, weil wir noch nicht Achtzehn sind. Wir lagern wie die Heringe auf dem Barackenboden. Die Vorbewohner dieser Behausung hatten nächtens ihr Wasser hinter der Baracke abgeschlagen. Deshalb haben die Kameraden dort einen Elektrodraht gezogen. Einige von uns machen schlimme Erfahrungen. Nur einmal.

Nach wenigen Tagen werden wir in eine große Baracke befohlen. Plötzlich erscheinen einige Offiziere, die nicht wie andere Soldaten den Reichsadler auf der Brust tragen, sondern auf dem Ärmel. An ihrem Kragen tragen sie die Runenzeichen der Waffen-SS. Die beginnen, hohe Lieder auf den Führer zu singen. Sie erklären uns, es sei eine ganz besondere Ehre, den Endsieg über den Bolschewismus und die Plutokraten im Ehrenkleid der Waffen-SS zu erringen. Ein deutscher Mann würde nicht zögern, Frauen und Kinder mit der Waffe in der Hand vor den bolschewistischen Horden zu retten. Deshalb seien wir berufen, für Führer Volk und Vaterland zu kämpfen. Zu kämpfen nicht in irgendeiner Truppe, sondern mit der Elite des Führers, der Waffen-SS. Dem Endsieg entgegen. Schließlich schreiten die Herren zur Tat und fordern alle auf, dem Ruf des Führers zu folgen und sich zur Waffen-SS zu melden.

Die ganze Versammlung bleibt stumm und starr. Niemand hebt den Finger. Mit einer Ausnahme: dieser Freiwillige war gerade aus einem Erziehungsheim entlassen worden. Bis dahin haben wir keine Gelegenheit, Meinungen auszutauschen, Bekanntschaften oder gar Freundschaften untereinander zu knüpfen. Erst als die Häscher diesen auch wohl für sie totalen Misserfolg der Kampagne feststellen mussten, macht sich so etwas wie Schadenfreude unter den meisten der Umworbenen breit und ich spüre: ganz allein bist du nicht in dieser Gesellschaft.

Wir sind zunächst erleichtert, müssen uns allerdings draußen wieder in Dreierreihen aufstellen. Zu unserer Verblüffung erscheinen wieder die Herren mit den Runenzeichen. Sie mustern Mann für Mann, raunen sich Einverständnis oder Ablehnung zu, schnippen mit dem Finger und befehlen, vorzutreten. Damals wusste ich noch nicht, wie an anderer Stelle unter Tausenden, die auf der Rampe in Auschwitz standen, jene ausgesucht wurden, die nach Meinung der Nazis noch zu gebrauchen waren. Es ist unziemlich, hier einen Vergleich mit meinem Schicksal anzustellen. Allerdings war es jene gleiche Niedertracht, die Menschen nach Brauchbarkeit sortiert. Die Einen, um getötet zu werden, die anderen, um andere zu töten.

Zu diesem Zeitpunkt ahne ich, was die Stunde geschlagen hat. Ich gehöre zu den „Auserwählten". Niemand wird gefragt, ob er einverstanden sei. Es wird auch keine Unterschrift verlangt. Wir brauchten auch gar nicht den Arbeitsdienst zu leisten, sondern sollten SS-Soldaten werden.

O.U., den 19.1.1943

Ihr Lieben!
Was mich tagelang in quälender Ungewissheit hielt, ist nun Wirklichkeit geworden. Bei einer Werbung für die Waffen-SS wurde der dritte Teil unseres Lagers zwangsweise in die Waffen-SS übernommen!! Trotz allen Sträubens bin ich auch dabei. Wir werden hier in Kürze entlassen. Ob es vorher noch Urlaub gibt, ist sehr fraglich. Ich werde auch damit fertig werden. Sobald ich etwas Näheres erfahre, teile ich euch das mit. Diese Nachricht wird euch sicher überraschen. Für mich waren die letzten Tage die aufregendsten meiner 18 Lebensjahre. Jetzt, wo alles feststeht, findet man sich eben damit ab.

Behüt Euch Gott!
Euer Heinz

Dieser Brief gibt nur andeutungsweise das Drama wieder, welches ich durchlebe. Meinen Kameraden geht es ähnlich. Nur einer hat eine verwegene Idee: Er verspricht den SS-Offizieren ein fettes Schwein, wenn sie ihn von dem Stellungsbefehl befreien. Er hat Erfolg. Allerdings kommt der Handel nicht zustande, wohl aber eine wüste Beschimpfung dieses vaterlandslosen Gesellen. Ein solcher Kerl sei nicht würdig, das Ehrenkleid der Waffen-SS zu tragen. Unserm Schweinehändler war das recht. Ich habe ihn bald wieder aus den Augen verloren. Als ich vor einiger Zeit im Kino den braven Soldaten Schwejk belache, habe ich an meinen Kumpel im Arbeitslager Achmer gedacht. Hoffentlich hat er alles überlebt.

Die Ereignisse in Achmer und in vielen anderen Arbeitsdienstlagern haben seinerzeit bis in die oberste Heeresleitung zu heftigen Auseinandersetzungen geführt. Die Wehrmacht konnte nicht dulden, wenn sich die SS aus den Rekrutenjahrgängen zunächst die besonders geeigneten Soldaten rekrutierte. Besonders geeignet waren allerdings Männer – besser wohl Jungen, denn damals waren wir 17 Jahre alt – die mindestens 1,72 groß waren und mehr oder weniger dem Bild der nordischen Rasse entsprachen. Ob und warum dies bei mir der Fall sein sollte, hat mir bis heute niemand erklärt.

Mein Vater und meine Familie haben an meinem Schicksal schwer zu tragen. Papa protestiert bei den zuständigen Stellen in aller Form gegen die Zwangsrekrutierung seines Sohnes in unverblümter Deutlichkeit. Die noch vorhandenen Dokumente sind für mich von unschätzbarem Wert. So schrieb er an den damaligen Innenminister Dr. Frick:

Einspruch gegen die Eingliederung meines Sohnes in die Waffen-SS

Mein Sohn, Heinz Ostrop, geboren 22.1.25, wurde am 13.1.43 zum RAD einberufen. Von seinem Standort Achmer aus teilte er zu unser aller Überraschung mit, dass er zwangsweise in die Waffen-SS eingegliedert worden sei. Weil die genannte Truppe in weltanschaulicher Hinsicht innerhalb der Wehrmacht eine Sonderstellung einnimmt, fühle ich mich im Gewissen verpflichtet, gegen die genannte Eingliederung zu protestieren. Wie mir bekannt ist, haben sämtliche Offiziere der Waffen-SS ihre kirchlichen Bindungen gelöst. Die Truppe hat keine Feldgeistlichen und auf den Gräbern ihrer gefallenen steht nicht das alte Christenkreuz, sondern ein Runenzeichen. Dass es angesichts dieser Einstellung mit der Toleranz nicht besonders gut steht, ist zu befürchten.

Wenn ich als Vater und Erziehungsberechtigter diesen Schritt unternehme, dann tue ich das als Vorstand einer Bauernfamilie, die auf eine vielhundertjährige Geschichte zurückblickt. Jahrhunderte haben unsere Vorfahren in den Wechselfällen des Lebens im alten Christentum Halt und Stütze gefunden. Dass unser ältester Sohn und Erbe, kaum den Kinderschuhen entwachsen, dem Druck eines Stärkeren ausgesetzt und in eine Formation gepresst wurde, die die genannte und bekannte Einstellung hat, ist für uns doppelt schmerzlich und wirkt lähmend auf unsere Arbeit.

Auch für meinen Sohn ist es eine unerträgliche seelische Belastung. Das ging aus den wenigen Zeilen hervor, die er über die dramatischen Vorgänge bei der Zwangsrekrutierung schrieb: ‚Die letzten Tage waren die aufregendsten meiner 18 Jahre. Trotzdem ich jede Unterschrift verweigerte, wurde ich genommen.'

Der Einspruch richtet sich nicht wie aus dem Vorstehenden hervorgeht gegen den Wehrdienst meines Sohnes, sondern nur gegen die zwangsweise Einstellung in eine Truppe, die an eine bestimmte weltanschauliche Richtung gebunden, sich bisher aus Freiwilligen rekrutierte.

Vinnum / Olfen, den 2.2.1943

Der Reichsinnenminister hat nicht geantwortet. Lediglich das Wehrbezirkskommando teilte mit, die Zwangsrekrutierung sei eine vom Führer befohlene und schnell durchzuführende Maßnahme. Die Rekruten würden auch nicht sofort an die Front geschickt, sondern zunächst einer sehr gründlichen Ausbildung unterzogen. Innenminister Frick ist in Nürnberg als Kriegsverbrecher zum Tode durch den Strang verurteilt und hingerichtet worden.

Ich bin mein Leben lang stolz auf meinen Vater, der damals für mich und für uns alle unter Lebensgefahr mannhaft gestanden ist. Als ich aus der Gefangenschaft heimkehrte, war Vater schon schwer krank. Wir beide haben nicht mehr viel Zeit gehabt, miteinander zu sprechen. Papa hatte Magenkrebs. Unser Hausarzt, Dr. Reinhold aus Olfen, hat ihn in dem kleinen Krankenhaus operiert. Anfangs ging es ihm ein wenig besser. Dann aber hat er furchtbar gelitten. In den letzten Tagen des Januars war Mutter alleine bei ihm – sie hat ihm die Augen zugedrückt.

Nach dem Krieg sind unendliche Debatten darüber geführt worden, warum die Deutschen nicht mehr Widerstand gegen die Völkermörder geleistet haben. Diese Frage darf man um der Wahrheit willen stellen und nach Antwort suchen. Die meisten dieser Ankläger haben gut reden: sie waren zu jung, um ihren eigenen Widerstandgeist hätten beweisen zu können. Leider gibt es unter den Anklägern auch viele zeitversetzte Widerstandskämpfer, die sich in der warmen Brühe der Selbstgerechtigkeit suhlen. Sie schweben engelgleich über der Tragik der Vätergeneration, die durch ein verbrecherisches System in die Katastrophe getrieben wurde. Ob diese Verbal-Widerständler alle so mutig und tapfer gehandelt hätten wie mein Vater, glaube ich nicht. Hoffentlich bekommen sie auch nie mehr Gelegenheit dazu.

Ich selbst habe später als Abgeordneter im Landtag oder in den Räten des Rundfunks sehr oft von diesen Ereignissen berichtet – also öffentlich geredet. Nicht selten war man der Meinung, dass die Angehörigen der Waffen-SS samt und sonders schuldig seien, zumal das Kriegsverbrechertribunal in Nürnberg die Waffen-SS zur verbrecherischen Organisation erklärt hat. Was später allerdings zugunsten der Zwangsrekrutierten relativiert wurde.

Einmal allerdings machte mir ein Zuhörer einen gewissen Vorwurf: „Warum haben sie nicht einfach Zivildienst gemacht?" Der Mensch war Journalist. Von dieser Sorte politischer Analphabeten sind mir auch andere begegnet. Und ich frage mich noch immer, welche Kinderstube sie hatten, welche Schule sie besuchten, welche Bücher sie gelesen und welche Filme sie gesehen haben. Kriegsdienstverweigerung im Dritten Reich?! Was mit uns passiert wäre, wenn wir bis zum tätlichen Widerstand den Dienst verweigert hätten? Man hätte sein Leben einsetzen müssen – und hätte es verloren. Man hätte ein Held sein müssen. Der war ich nicht.

Wir gehorchen den Pfiffen und den Kommandos. Die Bitte, noch einmal nach Hause fahren zu dürfen, wird nicht einmal angehört. Erst später erfahren wir, dass die Einberufung zum Arbeitsdienst nur erfolgte, um in den Lagern unter Ausschluss der Öffentlichkeit und zur Vermeidung von Unruhen die Aktionen zur Rekrutierung der SS störungsfrei durchführen zu können.

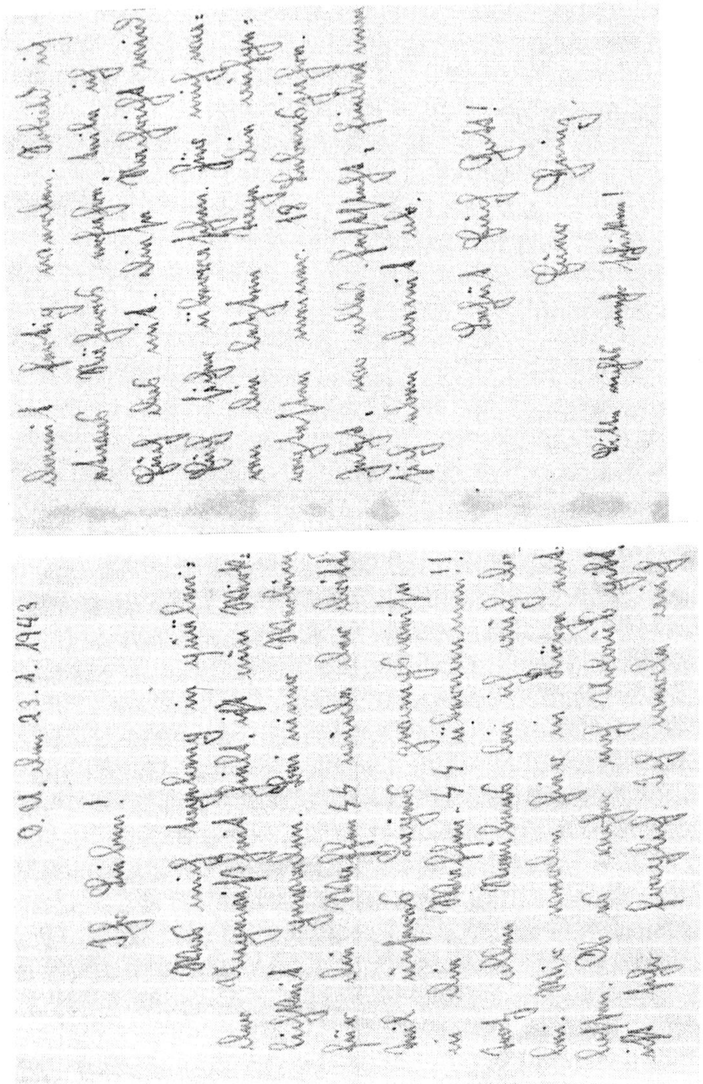

Brief an Zuhause vom 23.1.1943

1.) A b s c h r i f t.

nspruch gegen die Eingliederung meines Sohnes in die Waffen-SS

in Sohn Heinz Ostrop, geb. 22.1.25, wurde am 13.1.43 zum RAD. einbe-
ifen. Von seinem Standort Achmer aus teilte er zu unser aller Über-
chung mit, dass zu zwangsweise in die Waffen-SS eingegliedert worden
i. Weil die genannte Truppe in weltanschaulicher Hinsicht innerhalb
r Wehrmacht eine Sonderstellung einnimmt, fühle ich mich im Gewissen
rpflichtet, gegen die genannte Eingliederung zu protestieren. Wie mi
kannt ist, haben sämtliche Offiziere der Waffen-SS ihre kirchlichen
ndungen gelöst. Die Truppe hat keine Feldgeistliche und auf den Gräb
r Gefallenen steht nicht das alte Christenkreuz, sondern ein Runen-
ichen. Dass es angesichts dieser Einstellung mit der Toleranz nicht
sonders gut steht, ist zu befürchten.

Wenn ich als Vater und Erziehungsberechtigter diesen Schritt u
ie, dann tue ich das als Vorstand einer Bauernfamilie, die auf eine
lhunder jährige Geschichte zurückblickt. Jahrhunderte hindurch habe
sere Vorfahren in den Wechselfällen des Lebens im alten Christentum
lt und Stütze gefunden. Dass unser ältester Sohn und Erbe, kaum den
nderschuhen entwachsen, dem Druck eines Stärkeren ausgesetzt in ein
rmation gepresst wurde, die die genannte und bekannte Einstellung hat
t für uns doppelt schmerzlich und wirkt lähmend auf unsere Arbeit.

Auch für meinen Sohn ist es eine unerträgliche seelische Belastung
s ging aus den wenigen Zeilen hervor, die er über die dramatischen
rgänge bei der Zwangsrekrutierung schrieb: „Die letzten Tage waren
ngn die aufgeregtesten meiner 18 Jahre ......Trotzdem ich jede Unte
chrift weigerte, wurde ich genommen."

Der Einspruch richtet sich nicht, wie aus dem Vorstehenden herve
gen den Wehrdienst meines Sohnes, sondern nur gegen die zwangsweise
instellung in einer Truppe, die an eine bestimmte weltanschauliche
ichtung gebunden, sich bisher aus Freiwilligen rekrutierte.

inaum – Olfen, den 2. 2. 43

gez. H. Ostrop

++ ++

Die Richtigkeit vorstehender Abschrift wird hiermit bescheinigt.

Olfen, den 11. Juli 1945.

Der Amtsbürgermeister.

Kortenbusch

Einspruch gegen die Eingliederung vom 2.2.43

Wehrbezirkskommando Coesfeld   Coesfeld, den 22. 2. 43
Sachgeb.II c Fr.

Herrn
Heinrich O s t r o p

Vinnum b. Olfen

Auf Ihre Eingabe vom 2.2.43 wird mitgeteilt:

Die Einberufung von Angehörigen des Geburts-Jahrg.1925 aus RAD-Abteilungen zur Waffen-SS ist eine vom Führer befohlene, von den Erg.-Stellen der Waffen-SS gemeinsam mit den Dienststellen des RAD besonders schnell durchzuführende Massnahme gewesen. Vorgänge in den RAD-Abteilungen unterliegen nicht der Einflußnahme des Wehrkreiskommandos und der Wehrersatzdienststellen. Eine Besorgnis, dass die zur Waffen-SS einberufenen Angehörigen des Geb.-Jahrg.1925, obwohl sie noch nicht ausgebildet sind, sofort zum Fronteinsatz gelangen, ist unbegründet. Die Einberufenen werden vielfach zunächst in den Ersatztruppenteilen der Waffen-SS einer besonders gründlichen Ausbildung unterzogen.

Im Auftrage:
gez.Unterschrift
Oberstleutnant
und Stabsoffizier(H)

Antwort des Wehrbezirkskommandos Coesfeld vom 22.2.43

Unter die Fahne getrieben

Meine deutlichste Erinnerung ist die an eine unheimliche Verwirrung und Ahnungslosigkeit. Später wurde immer wieder berichtet, man habe den auf diese Weise rekrutierten Jungen ein Papier zur Unterzeichnung unterschoben, das ein Antrag auf Eingliederung in die Waffen-SS gewesen sei. Davon habe ich mit Bestimmtheit nichts gesehen und gehört. Ich hätte es auch unter keinen Umständen unterzeichnet.

In den wenigen Tagen im Arbeitsdienstlager in Achmer lernte ich zwei Kameraden kennen, die mit mir nicht nur die Abneigung gegen unsere neue Bestimmung teilten. Beide waren Söhne katholischer Bauernfamilien aus dem Münsterland: Hermann Rosker aus Stadtlohn und Heinrich Tillmann aus Epe. Damals wusste ich noch nicht, dass hier ein Dreier-Bund gegründet wurde, der alle Schicksale teilte, zusammen Furchtbares gesehen und erlitten hat. Wie sehr wir Freunde waren, zeigt sich vielleicht an einer scheinbaren Kleinigkeit: Die Schätze, die unsere Mütter per Feldpost an ihre Söhne schickten, landeten samt und sonders in einer leeren Munitionskiste, aus der wir uns alle bedienten.

Ich fuhr den Panzer mit der Nummer 240. Das nächste Fahrzeug mit dem Piloten Hermann Rosker war 241, und Heinrich Tillmann steuerte Nummer 242. Ich weiß bis heute nicht, wo meine besten Freunde geblieben sind. Beide sind nicht wieder gekommen.

Von Achmer aus werden wir schon bald verladen. Wir zuckeln mit der Bahn Richtung Osten. Wir erfahren nichts über das Ziel unserer Reise. Irgendwann sind wir in Freiberg bei Dresden. Wir werden in Gruppen eingeteilt. Warum und nach welcher Methode und zu welcher Bestimmung? Niemand informiert uns. Es ist eine Art Gefangenschaft. Die Naziform der Sklaverei.

Schließlich erreichen wir Prag. Wir werden bei eisiger Kälte in Wohnhäuser eingewiesen, die an den Nebenflüssen der Moldau Sassau und Drassau liegen. Die Häuser sind von ihren Bewohnern geräumt, niemand begegnet uns mehr. Sie haben – wenn überhaupt – einen Herd, aber kein Material, mit dem man heizen kann. Später sind wir im Besitz von Gerätschaften. Nachts werden aus den Dachstühlen die als überflüssig betrachteten Sparren ausgesägt. Sie retteten uns vor dem Erfrieren.

Wir sind dazu ausersehen, zu Pionieren ausgebildet zu werden. In den nächsten drei Monaten müssen wir singen, und zwar ganz laut und mit hörbarer Begeisterung: „Es ist so schön Soldat zu sein."

An den Ufern der Sassau und der Drassau lagert das Pioniergerät, an dem wir geschult und gedrillt werden. Die Härte der Ausbildung kann ich nur so beschreiben: sie verstößt gegen die Menschenwürde. Mir ist bald klar, dass uns nicht nur bestimmte Fertigkeiten beigebracht werden sollen. Es sind auch Härte und Ausdauer. Vor allem bringt man uns bei, Gehorsam zu lernen. Die Erinnerung daran verursacht mir noch heute Übelkeit und Abscheu.

Pioniere verwenden für den Bau von Brücken so genannte Pontons. Mit diesen großen Behältern sollen wir bei Licht und bei Dunkelheit vertraut gemacht werden. Zunächst lernen wir, wie man die Dinger „umkantet". Je sechs oder sieben Pioniere erfassen eine Seite des Pontons, und der Ausbilder brüllt: „*Ponton Oberstrom kant um.*" Wir kanten auch nach Unterstrom um. Auch landwärts oder wasserwärts. Das aber ist erst Grundschule: Ausbildung am Gerät! Bis zur Erschöpfung. Dann steht Ponton-Exerzieren auf dem Dienstplan. Pioniere lernen den Ponton auf Kommando zu schultern. Die höchste Stufe der Pionierkunst besteht darin, nicht nur mit dem geschulterten Ponton, sondern auch mit dem den Takt stampfenden Ausbilder oben drauf zu exerzieren. Dann exerzieren wir mit Rödelzangen. Die Dinger sind entsetzlich schwer. Wenn man uns damit ins eisig kalte Wasser jagt, um mit ihnen das Brückengerät zu verbinden, dann durften wir Wasserhosen tragen, die bis unter die Arme reichen.

Pioniere sollen nicht nur Brücken bauen, sie müssen auch Brücken sprengen. Der theoretische Umgang mit Sprengstoff ist erträglich. Zum Teil sogar amüsant. Wir haben einen Obersturmmann als Ausbilder. Die höheren Weihen zum Unterscharführer hat man ihm – mir schien aus einsichtigen Gründen – bis dahin vorenthalten. Nach ersten Erfahrungen freuen wir uns, wenn er uns den Umgang mit Isolierband beizubringen versucht.

Er spricht dann nicht von Isolier-, sondern von „Illusierband". Unsere Heiterkeit kann er sich nicht erklären. Er sorgt sehr bald dafür, dass uns das Lachen vergeht.

Unser „Illusier-Obersturmmann" ist auch zuständig für

den weltanschaulichen Unterricht. Das geht nach folgendem Schema:

> Frage des Obersturmmannes:
> „*Was ist eine Weltanschauung?*“
> Die SS-Pioniere haben keine Ahnung. Belehrung des Obersturmmannes:
> „*Nationalsozialismus ist eine Weltanschauung*“.
> Darauf die SS-Pioniere:
> „*Jawoll!*“
> Obersturmmann:
> „*Was gibt's noch für Weltanschauungen?*“
> Ein besonders begabter Pionier (Ostrop):
> „*Bolschewismus!*“
> Obersturmmann:
> „*Bravo Schütze Ostrop! Wer weiß noch eine?*“
> SS-Pioniere bleiben stumm. Obersturmmann (belehrend):
> „*Weltanschauung ist auch noch katholisch oder evangelisch.*“
> SS-Pioniere:
> „*Jawoll!*“
> Obersturmmann:
> „*Wie viele Weltanschauungen hat ein Soldat der Waffen-SS?*“
> Chor der SS-Pioniere:
> „*Eine!*“
> Obersturmmann:
> „*Richtig, und welche?*“
> Alle:
> „*Nationalsozialismus!*“

Der staatspolitische Unterricht gefällt uns besser als das Exerzieren mit Pontons oder der Brückenbau an der Sassau. Beliebt sind auch Stiche und Bunde, Fertigkeiten die von den Pionieren bei den Matrosen abgekuckt sind. Natürlich müssen wir auch üben, wie man die Feinde umbringt. Auch der Spaten ist gut. Am wirksamsten aber geht es mit dem Flammenwerfer. Pioniere müssen auch als erste ran an den Feind. Mit einer „gestreckten Ladung“, einem mit Sprengpaketen versehenem langen Brett, sollen wir durchs Gelände robben, es ganz unter ein Stacheldrahtverhau schieben, den Zünder reißen und in Deckung gehen. Der Rest sei ganz einfach: man stürmt durch die Gasse, rennt zum feindlichen Bunker und sprengt ihn mit einer geballten Ladung in die Luft. Wie gesagt: das geht ganz einfach!

Dann hatten wir auch Maschinengewehre. Ausbilderfrage: „Was ist ein Maschinengewehr?" Richtige Antwort: „das Maschinengewehr ist eine Waffe, welche mit dem Rückstoß der Pulvergase im Verein mit der Federspannung das Zuführen und Laden der Patronen, das Zünden und das Auswerfen der Hülsen nach dem Schusse selbsttätig bewirkt."

Man kann angesichts dieses Zitates nicht bestreiten, dass ich ein lernfähiger Soldat war, denn ich kann es noch heute. Meine Kameraden kommen meist über den ersten Halbsatz „das Maschinengewehr ist eine Waffe" nicht hinaus. Den Ausbilder freut das. Er kann dann seinen Witz anschließen und reimt: „und wer dahinter liegt, das ist ein Affe."

Viel ernster sind die Verhaltensregeln für die Front. Hier sei nur diese zitiert: „Der Tod mit der Waffe in der Hand ist in jedem Falle der Gefangenschaft vorzuziehen." Dieser Befehl wurde später noch ergänzt durch die Feststellung, dass der Iwan ohnehin keine Gefangenen mache.

Dann werden wir darauf gedrillt, uns bei Einsätzen an der Front stets freiwillig zu melden. Das ist eine Art Grundgesetz aus der Zeit, als alle Soldaten der Waffen-SS sich freiwillig gemeldet hatten. Es hat eine gewisse Logik: wer sich freiwillig zur Truppe meldet, kann sich im Ernstfall nicht drücken. Mindestens einmal im Osten – erinnere ich mich – war ich ein Opfer dieses kommandierten Heldentums. Wenn ich dabei gefallen wäre, hätte man meiner Familie mitgeteilt, ich sei freiwillig für Führer, Volk und Vaterland gefallen.

In Piechowitz und Stiechowitz, so heißen unsere Ortsquartiere, bekommen wir Briefkontakt mit „zu Hause". Unsere abgehende Post sollen wir nicht verschließen und man lässt auch durchblicken, dass die eingehende Post kontrolliert werden kann. Zur Begründung wird erklärt, der Feind höre mit. Was diese unmenschlichen Eingriffe in die Persönlichkeit eines Menschen bedeuten, will ich an zwei Beispielen aufzeigen. Während der drei Ausbildungsmonate bei Prag tobte die Schlacht von Stalingrad. Stalingrad war auch der Wendepunkt und der Beginn des Untergangs des tausendjährigen Reiches. Wir haben von diesem Drama nie eine Zeile gelesen, nie ein Wort gehört und unsere Angehörigen zu Hause wagten nicht, uns in Briefen von der Katastrophe zu berichten. Man hat uns nicht nur Stalingrad verschwiegen. Auch von Auschwitz hörte ich erstmalig, als ich in amerikanischer Gefangenschaft war.

Mein Vater wusste zunächst nichts von der Spitzelei bei der Feldpost. Er schrieb mir die schlimmsten Sachen. Ich erinnere mich sehr genau an einen Zeitungsausschnitt, den er einem Brief beigelegt hatte. Der Artikel war von einem Kriegsberichterstatter geschrieben (es gab eigene Propagandakompanien) und sollte den britischen Premier Winston Churchill lächerlich machen. Der Kriegsberichterstatter verzichtete deshalb auf den ganzen Namen des „Plutokraten“ und nutzte nur die Anfangsbuchstaben. Also „WC“. Papa hat sich wohl über diese billige Propaganda geärgert und an den Rand des Artikels geschrieben: „Möge sich der erbärmliche Schreiberling den Lappen gefälligst auf das eigene Scheißhaus hängen.“ Solche Post war im wörtlichen Sinne lebensgefährlich. Vater war bei der Gestapo bestimmt kein unbeschriebenes Blatt. Sein Protest gegen meine Einberufung zur Waffen-SS war aktenkundig. Sein ganzes Verhalten hätte gereicht, ihn der Wehrkraftzersetzung zu bezichtigen. Er versuchte zu Hause mit wechselndem Erfolg die „Feindsender“ zu hören und verteilte die in Kellern vervielfältigten Predigten des Bischofs Galen. Solche Delikte pflegten die Nazis mit KZ oder Strang zu ahnden.

Ich habe große Sorgen. Ich schreibe deshalb einen Brief, den ich einem deutschen Wehrmachtsangehörigen auf der Straße in Prag übergebe mit der Bitte, ihn zu meinen Eltern zu schicken. Der Brief kam an und wirkte wahre Wunder. Papa schrieb danach Briefe wie ein richtiger Nazi und zwar mit einer Übertreibung, hinter der ich in stiller Übereinkunft die wahre Botschaft verstand. Etwa so: „Heute Nacht waren die Tommys wieder unverschämt und haben versucht, unser schönes Dortmund zu bombardieren. Das ist ihnen gelungen und zwar sehr gründlich, aber ich habe mit eigenen Augen gesehen, wie einer der Bombenflieger vom Himmel purzelte – unsere Flak versteht keinen Spaß. Die werden sich noch wundern.“

Vater und ich haben uns verstanden.

Drei Monate hat man versucht, aus halbwüchsigen Männern richtige stramme Soldaten zu machen. Wir marschieren durch die Täler und über die Berge, kloppen Gewehrgriffe, frieren wie die Spatzen. Unsere Lieder sind kampfbetont und siegessicher. Zum Beispiel habe ich noch „Drunten im Tale wächst Haferstroh" in den Ohren. Im Original lautete es: „Nur ein paar Tage noch, dann ist alles vorbei." Wir aber mussten grölen: „Nur gegen England, Russland, USA, dann ist alles vorbei." Meine Zweifel an dieser Botschaft haben mich nicht gehindert, kräftig mit zu grölen.

Eines Tages wird zum Sammeln geblasen. Es ist völlig ungewiss, ob wir nun an die Front nach Russland, nach Afrika oder in ein besetztes Land fahren werden.

Von Ost nach West

Nach fast einwöchiger Bummelfahrt auf den Bänken, in den Gepäcknetzen oder auf den Gängen der Bahn halten wir auf einem Bahnhof irgendwo in Frankreich. Das ist weit weg von der Front und man sagt uns, dass jetzt erst die richtige Ausbildung beginne. Die Division wurde neu aufgestellt und in erstaunlich kurzer Zeit mit neuen Panzern und schweren Waffen ausgerüstet. Wir, die Pioniere von der Moldau, werden eingereiht in die Panzeraufklärungsabteilung einer 10. SS-Panzerdivision. Die Division heißt „Frundsberg". Wir machen unsere Fahrschulungen, lernen vor allem auf unseren gepanzerten Halbkettenfahrzeugen zu kurven, zu drehen und den bösen Feind mit einer 3,7-Flakkanone zu beharken. Feinde stehen uns nicht zur Verfügung, Ein Wildschwein allerdings haben wir zur Strecke gebracht. Solches ist verboten. Also geschieht es versehentlich. Da es aber tot ist, bleibt unserem Küchenbullen nichts Besseres übrig, als es seiner Bestimmung zu übergeben.

Ich werde zum Fahrer des Führungspanzers – das erste Fahrzeug des Pionierzuges – eingeteilt, und zu meiner Freude sind Hermann Rosker und Heinrich Tillmann die Fahrer der folgenden Wagen.

Die nächsten Monate sind im Vergleich zu der Grundausbildung an der Moldau nicht nur erträglich, sie sind unterhaltsam, man hat eine gewisse Freude an der Ausrüstung und ich gestehe, dass es eine Lust ist, mit einem brüllenden Motor, mit dem Kehlkopfmikrophon um den Hals und den Muscheln auf den Ohren den „Feind" anzugehen. Allerdings nur deshalb, weil es ihn in der Normandie noch nicht gab. Wir müssen uns mit Pappkameraden behelfen. Diese Lust ist uns später in derselben Gegend gründlich vergangen.

Wir werden auf einem Chateau einquartiert und zwar in dem Dörfchen Fervaq zwischen Evreaux und Lisieux.

Das Schloss ist verlassen und es macht nicht den Eindruck, in den letzten Jahren bewohnt gewesen zu sein. Nach dem Krieg habe ich den Ort zweimal wieder besucht und fand fast alles unverändert vor. Heute ist dort ein Internat untergebracht. Auch die für unsere Panzer ausgehobenen Gruben gibt es noch. Ebenso habe ich die wunderbaren dicken Platanen des Schlossparks wieder erkannt und den Turm, in dessen Keller ich einmal eingesperrt war – von dieser Schande berichte ich noch. Als ich durch den Torbogen schritt, erinnerte ich mich an eine erste Heldentat, die Siegfried Hano aus Essen vollbracht hatte.

Siegfried, ein sehr blonder Junge mit bleichem Gesicht und zarten Händen, wurde von seinen Kameraden gerne auf den Arm genommen. Er war nicht besonders lebenstüchtig. Wenn wir zum Beispiel mittags vom Küchenbullen unsere Pellkartoffeln in einem dampfenden Tonkrug empfangen hatten, setzte ein „Wettpellen" ein. Wer am besten pellen konnte, bekam folglich auch die meisten Kartoffeln. Unser Siegfried war immer der Letzte und er wäre uns wohl weggehungert, wenn er sich nicht entschlossen hätte, die Kartoffeln mit Schalen zu essen. Nun stand Jung-Siegfried eines Nachts als Wachposten in der Nische des Torbogens und bemerkte, wie sich ihm eine dunkle Gestalt näherte. Er hat später gestanden, dass er nicht tapfer auf den Verdächtigen losgegangen sei, um ihn zur Kapitulation zu zwingen. Er sei nur vor Schreck aus seiner Wach-Nische gesprungen, worauf der Fremde mit erhobenen Händen kapitulierte. Ausgerechnet Siegfried hatte der 10. SS-Panzerdivision den ersten Gefangenen eingebracht. Es war tatsächlich ein mit dem Fallschirm abgesprungener Spion. Siegfried hatte seinem Namen alle Ehre gemacht.

Bald wurde er zum Kradmelder berufen. Da konnte er – meinte man – nichts Schlimmes anrichten. Da kannte man unseren Siegfried schlecht. Einmal sollte er per Krad ein paar Gewehre besorgen. Als er ankam, waren die Schäfte abgebrochen. Siegfried hatte sich auf die „Schnauze" gelegt.

Ich habe ihn aus den Augen verloren. Später hörte ich, Siegfried Hano sei schon bei dem ersten Einsatz in Russland gefallen. Er sei immer so ungeschickt gewesen.

Es gibt viele Denkmäler für die Tapferen und für die Helden des Krieges an allen Fronten. An die armen Frontschweine vom Schlage meines toten Kameraden Siegfried Hano erinnert man sich selten – ich will hier diese Ausnahme machen.

Die Franzosen und wir

An dieser Stelle will ich wenige Bemerkungen machen über unser Verhältnis zur französischen Bevölkerung. Entgegen verbreiteter Meinung ist, wenn man die besonderen Bedingungen einer Besatzungstruppe in einem besetzten Land berücksichtigt, unser Verhältnis zu den Menschen in Frankreich äußerst korrekt. Es ist unvorstellbar, dass sich ein Soldat am Eigentum der Franzosen vergriffen hätte. Wiederholt werden wir darauf hingewiesen, dass auf Plünderung die Versetzung in eine Strafkompanie droht. Ich will das „Klima" an zwei scheinbaren Kleinigkeiten festmachen.

In der Normandie gibt es reichlich Äpfel. Sie sind der Rohstoff für den bekannten Calvados, einen hochprozentigen Schnaps. Die Äpfel gibt es in ungeheuren Mengen. Sie werden vor der Verarbeitung in langen Wällen auf den Weiden gelagert. Als sich einer von uns mit einem Eimer und diebischer Absicht „robbend" einer Apfelmiete nähert – das Robben hatten wir schon an der Moldau hinreichend geübt – erscheint der französische Bauer und schüttelt sich vor Lachen angesichts des Spitzbuben und füllt ihm den Eimer bis an den Rand.

Ein anderes Delikt bestand darin, nachts in die Bäume des Schlossparks zu klettern, um trockene Äste für unseren Kamin zu requirieren. Der französische Verwalter des Parks lamentierte auf unserer Schreibstube. Die deutsche Holzauktion wird mit etlichen Strafwachen abgebüßt.

Im Sommer darf ich in Urlaub fahren. Wer heute von Urlaub spricht, denkt an schöne Reisen, an warme Strände an stolze Berge und an vieles, was der Alltag nicht bieten kann. Damals hatte man bei der frohen Ankunft zu Hause schon den traurigen Abschied vor Augen. Mein Vater stand bei meiner Ankunft *„in de Vinnumske Wiesk"*. Sein Körper war gekrümmt und vornüber gebeugt: er musste erbrechen. Zu Hause erfahre ich von den gefallenen Freunden, Verwandten und Bekannten, von zerbombten Städten, von den Sehnsüchten der Mütter nach ihren vermissten Kindern.

SS Soldaten sind verpflichtet, auch im Urlaub Uniform zu tragen. Das gilt ebenso für mich. Ich habe sie sogar vor dem

Gang zur Kommunionbank unserer Kirche nicht ausgezogen. Wir haben noch ein paar Bildchen, wie Ostrops Heinz daheim in SS-Uniform zwischen Eltern und Geschwistern vor unserem Wohnzimmer steht. Viele Familien haben ihre uniformierten Söhne mit einem gewissen Stolz abgelichtet. Vaters Gefühle kannte ich genau. Wir haben uns ohne Worte verstanden.

Bei der Rückkehr werde ich von einem Lastwagen unserer Truppe vom Bahnhof abgeholt. Es war alles andere als ein großer Bahnhof. Dennoch werde ich freudig begrüßt und mit der Botschaft überrascht, ich sei befördert. Es ist noch kein Marschallstab. Immerhin bin ich zum Sturmmann befördert, was dem Rang eines Gefreiten bei der Wehrmacht entspricht und einen Winkel auf dem Ärmel und ein Scherflein zusätzlichen Wehrsold einbringt. Meine Kameraden feiern das Ereignis mit einem gewissen Spott. („Der Führer war auch Gefreiter".) Ferner bestehen sie auf einen Festakt, für den ich meinen Wehrsold beziehungsweise ausreichend Calvados zu stiften habe. Bei solchen Anlässen kennt man auch keine Dienstgrade mehr. Zu Deutsch: der Unterscharführer (Unteroffizier) und auch der Schirrmeister saufen mit. Das Ritual ist buchstäblich umwerfend. Die Pulle kreist und jeder hat einen kleinen Finger breit zu schlucken. Wann ich das Bewusstsein verloren habe, weiß ich nicht. Irgendwann finde ich mich – mit Verlaub – total bekotzt neben unserem Schirrmeister auf dem Boden des Schlossturmes wieder. Irgendein Henker überbringt den Befehl des Kompaniechefs: In einer Stunde Appell in A-Garnitur auf der Schreibstube. Ich habe weder Kraft noch Gelegenheit, mich für einen Freitod zu entscheiden, obwohl mir danach zumute ist. Der Kompaniechef ekelt sich vor dem Anblick seiner „Calvadosianer" und verzichtet in letzter Minute auf unseren Anblick. Seine stets gerötete Nase bringt ihn selbst in Verdacht, auf diesem Gebiet Routine zu haben. Vielleicht auch viel Verständnis.

Der „Alte" ist eine seltene Type. Von Hause her ist er nicht Berufsoffizier, wohl auch kein alter Kämpfer. Wir hören nur, er sei Bankdirektor gewesen. Er hat hin und wieder menschliche Manieren. Einmal lässt er mich kommen und teilt mir mit, er wolle mich auf eine Offiziersschule – eine Junkerschule der Waffen-SS – schicken. Ich bin verblüfft und heillos erschrocken. Mir reichen Dienstgrad und Verantwortung eines Sturmmannes der Waffen-SS völlig aus. Weil ich zögere, bietet er mir eine Erklärung an: „Sie wollen nicht, weil sie katholisch sind?" Diese Brücke habe ich sofort betreten. Für ihn und für mich war der Fall erledigt.

Die neu aufgestellte Division, zu der etwa 20 000 Soldaten gehören, ist nicht eine Freiwilligentruppe wie die alten Kampfverbände der Waffen-SS. Vom Unterführer aufwärts sind es meist alt gediente SS-Soldaten, die im Osten Fronterfahrung gesammelt haben, verwundet und wieder genesen sind und geeignet scheinen, die „Spunde" auf ihre Bestimmung vorzubereiten. Die Division wird im besetzten Frankreich stets auf Trab gehalten. Mal verfrachtet man die Truppe an den Küstenbereich des Golfs von Biskaya, weil man dort eine Landung der Alliierten befürchtet, was selbst uns Amateurstrategen als Blödsinn erscheint. Gegen solchen Blödsinn am Golf von Biskaya hat niemand etwas einzuwenden. Verständlicher ist da schon unser Aufenthalt an der Mittelmeerküste. Es ist nicht auszuschließen, dass Montgomery über Korsika den Sprung auf das Festland wagt. All das ist bekanntlich nicht eingetreten. Jedenfalls war ich eher in Cannes und in Monte Carlo als manches Film-Sternchen von heute. Allerdings nicht auf rotem Teppich, sondern auf Panzerketten.

Es wäre noch von einem Ereignis zu berichten, welches uns einen Nachtmarsch mit Marschgepäck über 30 Kilometer mit anschließendem Strafexerzieren einbrachte. An einem dienstfreien Sonntagnachmittag tragen wir ein „Fußball-Länderspiel" gegen die Jugendmannschaft eines Dorfes aus. Verboten ist das nicht, hat aber schlimme Folgen, denn unser Kapitän bricht sich das Schienbein. Der Obersturmführer alias Bankdirektor schickt uns nicht in den Schlafsack, sondern auf 30 Kilometer Nachtmarsch. Irgendwo in der verdammten Gegend haben wir uns bei einem Posten zu melden. Nach etlichen Freiübungen marschieren wir tapfer zurück. Wir kommen pünktlich zum Frühappell aufs Gelände und singen zum Beweis für unsere Tapferkeit das „herrliche" SS-Pionierlied:

„Wir wirken oft heimlich in finsterer Nacht,
Wenn Freunde und Feinde noch schlafen.
Doch wehe wenn unsere Arbeit vollbracht
Dann gibt es ein böses Erwachen."
Und der Refrain:

„SS-Pioniere, binden wenn Not am Mann,
selbst mit der Hölle und mit dem Teufel an."

Die Hölle und den Teufel habe ich meinem Kompaniechef an den Hals gewünscht.

Mit unserem Fußball-Mannschaftskapitän in Gips habe ich kein Mitleid. Ich beneide ihn. Dieser SS-Mann lebt wie Gott in Frankreich.

Der junge Soldat in Frankreich

Franz Luthe

Die ganze Division wurde etliche Male verlegt. Die Oberste Heeresleitung wollte mit uns eine Invasion an Frankreichs Küsten verhindern. Aus den jeweiligen Standorten machte man ein Geheimnis. Wir durften in unserer Feldpost als Ortsangabe nur das Kürzel O. U. verwenden – soll heißen „Orts-Unterkunft“. Wir fanden das lächerlich, weil Millionen Franzosen an unseren Fahrzeugen die Truppeneinheiten identifizieren und ihren Verbündeten melden konnten. Wie gern hätten wir mitgeteilt, dass wir in Bordeaux, in Monaco oder in Nizza sind.

Dort waren wir nicht, um am Meer zu flanieren. Wir sollten auch hier die Küste für den Fall verteidigen, dass die Alliierten, die das deutsche Afrikakorps besiegt hatten, nun an den Stränden Südfrankreichs landen würden.

Diesem deutschen Afrikakorps gehörte mein Vetter Franz Luthe an. Viele Jahre später fand ich zu Hause einen Brief, den dieser junge Theologiestudent an meinen Vater geschrieben hat. Ich halte diesen Brief für lesenswerter als jeden Kriegsbericht. Weil ein junger Soldat in der Öde der afrikanischen Wüste von seinem Leben auf unserem Hof im Münsterland träumt. Weil für ihn die kleinen Dinge von dem fernen „zu Hause“ so nahe sind, dass er glaubt, sie seinem Onkel auflisten zu sollen. Auflisten als dankbare Bestätigung für die frohe Zeit, die er in unserem „zu Hause“ erleben durfte.

Afrika, 18. Febr. 42

Lieber Onkel Heinrich!

Was gäbe ich darum, einmal wieder einen Winterabend mit Euch allen zu verbringen! Das waren noch Zeiten, als wir Jungens durch dein Haus tobten. Bei einem abendlichen Krach habe ich in der Spinnstube einmal die schöne Petroleumlampe umgeworfen, Schirm und Zylinder waren hin. Damals kannte ich mich in Vinnum aus wie heute in Afrika. Ob wir in der Schule die schönen Vogelbilder betrachteten oder kurz vor Feierabend noch eben den Karren bei Schröers Müller durch die Durchfahrt dirigierten. Ob wir bei Klems die Tauben begutachteten oder bei Hermes Willi, ob wir bei Pötters „opn Dreih" das herrliche Grammophon mit dem roten Trichter bewunderten oder an der Humperie Äpfel klauten. Überall war man daheim und kannte sich aus.

Was waren das für selige Zeiten, als man die Fuder heimlotsen durfte vom Kriewk oder ut de Hei. Und schön war's beim Buschen machen in der Koppel oder im Plessen, wo Taubennester und Kaninchenbauten lockten. Und heute gondelt man in Afrika umher. Schon einige tausend Kilometer habe ich auf dem Buckel. Wenn man mal einen Wald wie das Dahler Holz sehen will, dann muss man noch wohl einige tausend Kilometer dazu tun. Kinderträume von braunen und schwarzen Menschern, von Eseln und Kamelen, von Apfelsinen und Zitronen – die sind in Erfüllung gegangen. Da taucht die Vergangenheit auf und trägt ein viel farbenreicheres und anziehenderes Gewand als früher die bunte Fremde es tat. Ob wir wohl jemals mit dem zufrieden sind, was wir besitzen?

Es ist nur gut, dass wir mit soviel Liebe und Verständnis für die Natur aufgewachsen sind. So kann man sich in der nüchternsten und sandigsten Wüste noch an dem erfreuen, worüber viele achtlos hinwegsehen. Wie habe ich mich damals bei unserem fünfmonatigen Stellungskrieg über jedes Blümchen gefreut, das noch Lebenskraft aus dem verdorrten Kameldornbusch hervorholte. Lange sahen wir nichts als Wüste. Das erste Haus (hier muss man es als solches bezeichnen) und die erste Palme hätte man mit Freudenrufen begrüßen mögen.

Für all das hatte man noch Augen, obschon Bomben und Granaten, Minen und Kugeln das Wichtige waren. Heute, da wir seit einigen Tagen in Ruhe liegen, spricht man von allem schon als wäre es weit hinter uns. Dabei sind es keine 14 Tage her, dass wir bei kühlen Tagen und nasskalten Nächten dem Tommy auf den Fersen blieben, wo es Not tat, auch unsere „schweren Sachen" sprechen ließen. Auch bei uns schlug es ein. So ging es in knappen 5 Tagen über 600 Kilometer.

Und jetzt die Ruhe, die keine ist. Nach 7 Monaten Einsatz kann nicht alles so sein, wie es zu Anfang war. Ist es auch bei weitem nicht. So muss man sich seine Zeit stehlen. Meine große Freude ist, dass wir uns in annehmbarer Gegend befinden.

Seit heute morgen regnet es. Die rote Erde hängt in dicken Klumpen an den Schuhen und in die Zelte sickert das Wasser. Es ist kalt und reichlich ungemütlich. Aber das Auge sieht grün, wenn es auch nur stachelige Büsche sind, die jede Berührung schmerzlich rächen. Zwischen den Büschen wächst Gras, das nun neugierig die ersten Spitzen hervorstreckt. An Blumen fehlt es auch nicht – das ist meine Erholung. Wenn ich noch dazu zwischendurch Schildkröten suchen kann so zu meinem eigenen Vergnügen, dann vergesse ich auch meine Wut, die mich manchmal über die Art des Dienstes befällt. Ich sage mir immer wieder, du musst zufrieden sein. Dann denke ich an Russland und dass es mir gesundheitlich so ausgezeichnet geht, während hier andere Kameraden, die einen Wuchs wie die Riesen hatten und über Bärenkräfte verfügten, schon lange schlapp machen mussten.

Und manche Lücke hat auch die Kugel gerissen.

Also heißt es zufrieden sein!

Mit dem Urlaub hat es keine Eile, so müssen eben die Gedanken heimwärts gehen. Oft bin ich da bei Euch. Dann versuche ich, mir die beiden Jungsten (Anm.: gemeint sind Ludger und Berthold) *vorzustellen. Das Bild dürfte wohl nicht ganz stimmen, zumal solche Burschen in einem Jahr viel vermögen. Es freut mich, dass es Euch sonst noch gut geht – dann tut man sich in der Ferne auch leichter.*

Grüß die Kleinen von mir und sage ihnen, ich würde gern eine Schildkröte schicken, die so klein ist wie eine Hand, aber so stark, dass man sich draufstellen kann. Aber das geht leider nicht. Nun wünsche ich Euch allen alles Gute, Dir und allen Lieben, besonders auch Tante Hanna frohe Grüße aus dem ‚Schwarzen Erdteil!'

In stetem Gedenken
Dein Neffe Franz."

Franz Luthe war Unteroffizier in dem legendären Afrika-Korps des Feldmarschalls Rommel. Hitler hatte diesen Verband nach Nord-Afrika geschickt. Er sollte den Suezkanal besetzen. Nach bewegten Wüstenschlachten mit den Truppen des britischen Marschalls Montgomery musste das Afrika-Korps vor der Übermacht der Alliierten über Sizilien nach Italien übersetzen. Die Alliierten haben dabei das weltberühmte Kloster Monte Cassino völlig zerstört. Später erfuhren sie, dass der Berg längst von deutschen Soldaten geräumt worden war. Franz Luthe ist dann bei den fürchterlichen Schlachten gefallen.

Zusammen mit einem Freund habe ich sein Soldatengrab gesucht. Mit dreizehn anderen Gräbern fanden wir es oben in den Bergen. Es war Nacht, als wir im Scheinwerferlicht unseres Volkswagens am Straßenrand auf einem verfallenen Holzkreuzchen den Namen meines Vetters fanden. Franz war wohl von seinen Kameraden zunächst auf einem Dorfplatz im Tal bestattet worden. Später hat man ihn von dort in die Berge gebracht. Der Pfarrer des Ortes hatte uns die Hinweise gegeben. Jetzt ruht Franz Luthe mit vielen tausend anderen Soldaten auf dem größten Soldatenfriedhof Italiens am Fuße des Monte Cassino. Zusammen mit vielen Tausend Opfern aus allen Völkern.

Franz war wie sein Bruder Theo Salesianer-Theologe. Sie verehrten meinen Vater, den Bruder ihrer Mutter. Die Nachricht von dem Tod des einen in Italien und dem des anderen in Russland erreichte die Familie fast zur gleichen Zeit. Der eine hat vom Tod des anderen nichts erfahren. Todesanzeigen endeten damals in aller Regel mit dem Satz: „... starb für Führer, Volk und Vaterland." In dieser Anzeige fehlte der „Führer". Ich bin ganz sicher, dass mein Vater das besorgt hat.

Zurück an den Mittelmeerstrand des Jahres 1943. An einem Tag kommen wir von einer längeren Übung zurück. An unserem Panzer ist für den Fahrer und auch für den Funker ein Sehschlitz angebracht, der mit einem dicken Panzerglas versehen vor Beschuss schützen soll. Diesen Block hatte ich hochgeklappt und der ganze Dreck ist mir ins Gesicht und an den Hals geblasen, so dass mein Oberkörper knallrot wurde. Wir haben einen Sani, diensteifrig wie sich's für die Zunft gebührt. Er bemüht sich, seine Heilkünste anzuwenden. Er hat aber nur drei Bordmittel zur Verfügung: einmal gegen Kopfweh eine Aspirin, für den Bauch Rizinus und Gehwohl für die Blasen an den Füßen. Für meinen Zustand hat er kein Mittel, nicht mal eine Erklärung. In seiner Praxis ist ihm dieses Krankheitsbild noch nicht untergekommen. Schließlich äußert er einen schlimmen Verdacht: Scharlach! Nicht auszudenken, dass der Sturmmann Ostrop eine ganze SS-Division verseuchen könnte. Der Endsieg hätte auf dem Spiel gestanden. Also muss der Sturmmann unter Anfeuerungsrufen seiner Kameraden marsch, marsch! ins Lazarett nach Evreux und zwar auf die Isolierstation. Da war er ganz einsam, aber er fühlte sich wie in Schillers *Räubern* „so kannibalisch wohl als wie fünfhundert Säue". Der Gedanke, er könnte den Endsieg verpassen, quält ihn nicht.

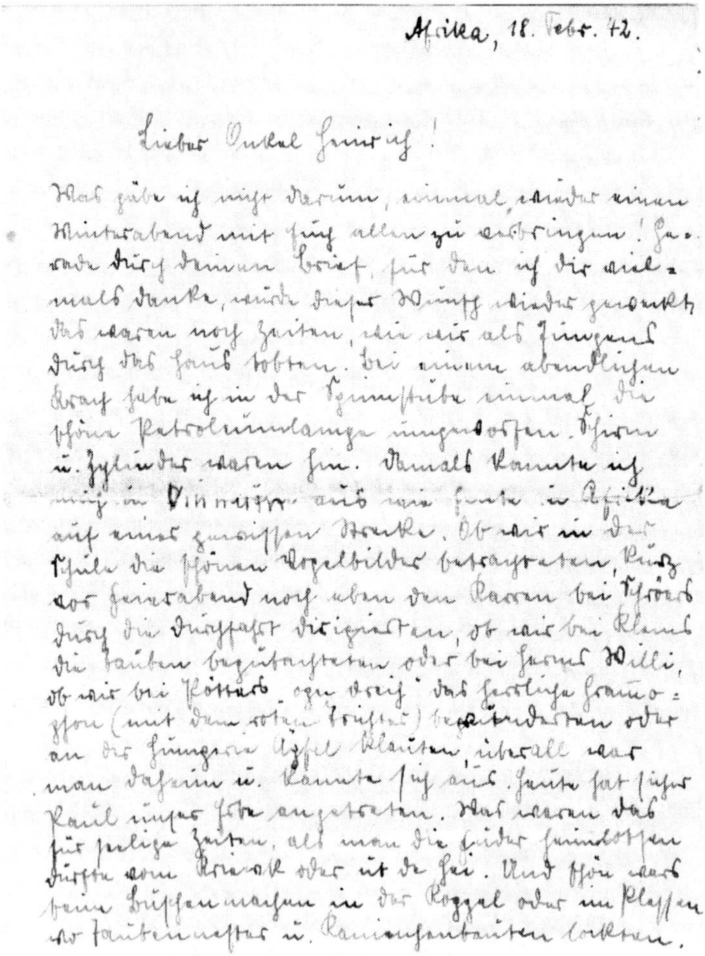

Afrika, 18. Febr. 42.

Lieber Onkel Heinrich!

Was gäbe ich nicht darum, einmal wieder einen Winterabend mit Euch allen zu verbringen! Gerade durch Deinen Brief, für den ich Dir vielmals danke, wurde dieser Wunsch wieder geweckt. Das waren noch Zeiten, wie wir als Jungens durch das Haus tobten. Bei einem abendlichen Krach habe ich in der [illegible] einmal die schöne Petroleumlampe umgestoßen. Schirm u. Zylinder waren hin. Damals kannte ich mich im [illegible] aus wie heute in Afrika auf einer gewissen Strecke. Ob wir in der Schule die schönen Vogelbilder betrachteten, kurz vor Feierabend noch eben den Karren bei Schröer(?) durch die Wirtschaft dirigierten, ob wir bei Klemb(?) die Tauben begutachteten oder bei Onkel Willi, ob wir bei Kötters 'ne Weile(?) das herrliche Grammophon (mit dem roten Trichter) bewunderten oder an die jungen Äpfel klauten, überall war man daheim u. kannte sich aus. Heute hat sicher Paul einen Hof angetreten. Was waren das für selige Zeiten, als man die Kinder [illegible] durfte vom Kornsack(?) oder ut de Hei. Und schön war's beim Büschenmachen in der Roggel(?) oder im Kloster(?) die Taubennester u. Kaninchenbauten lockten(?).

Franz Luthes Brief aus Afrika vom 18.2.42

Und heute gondelt man in Afrika umher. Schon einige 1000 km habe ich auf dem Buckel. Wenn man mal einen Wald wie das Schwarzholz sehen will, dann muss man wohl noch einige 1000 km dazutun. Kinderträume von braunen u. schwarzen Menschen, von Eseln u. Kamelen, von Apfelsinen u. Zitronen, die sind nun in Erfüllung gegangen. Sie weckt die Vergangenheit auf u. trägt ein viel farbenreicheres u. anziehenderes Gewand als früher die bunte Fremde es tat. Ob wir noch jemals mit dem zufrieden sind, was wir besitzen? Ich bin nur froh, dass wir mit so viel Liebe u. Verständnis für die Natur aufgewachsen sind. So kann man sich in der unfreundlichsten u. sandigsten Wüste noch an dem erfreuen, worüber viele achtlos hinwegsehen. Wie habe ich mich damals bei unserem fünfmonatigen Stellungskrieg über jedes Blümchen gefreut, das noch Lebenskraft aus verdorrtem Kameldornbusch hervorholte. Lange sahen wir nichts als Wüste. Das erste Haus (hier muss man es als solches bezeichnen) u. die erste Palme hätte man mit Freudentränen begrüssen mögen. Für all das hatte man noch Augen, obschon Bomben u. Granaten, Minen u. Kugeln das Wichtigere waren u. im Vordergrund standen. Heute, da wir seit einigen

Tagen in Ruhe liegen, spürt man von allem schon, als wär es der Krieg weit weit hinter uns und dabei sind es noch keine 14 Tage her, daß wir, bei kühlen Tagen u. naßkalten Nächten dem Tommy auf den Fersen blieben, wo es not tat, auch unseren „schweren Sachen" schießen ließen. Auch bei uns ging es um. So ging es in knappen 5 Tagen über 500 km. Und jetzt die Ruhe, die keine ist. Nach 7 Monaten Einsatz kann nicht alles so fein, wie es zu Anfang war. Ist es auch bei weitem nicht. So muß man sich seine Zeit schaffen. Keine große Freude ist es, daß wir in einer unwirtbaren Gegend liegen. Seit heute morgen regnet es. Die rote Erde hängt in dicken Klumpen an den Schuhen, in die Zelte sickert das Wasser. Es ist kalt u. reichlich ungemütlich. Aber das Auge sieht Blumen, wenn es auch nur stachelige Büsche sind, die jede Berührung schmerzlich rächen. Zwischen den Büschen wächst Gras das nur gerade wenig die ersten Spitzen herausstreckt. An Blumen fehlt es auch nicht. Das ist meine Erholung. Wenn ich noch dazu zwischendurch mal Schildkröten suchen kann, so zum eigenen Vergnügen, dann vergesse ich auch meine Wut, die mich manchmal über die Art des Dienstes befällt. Ich sage mir immer wieder, die müssen jetzt eben sein. Dann denke ich an Rußland u. daran, daß es mir gesundheitlich so ausgezeichnet geht, während hier andere Kameraden, die einen Strich um die Rippen hatten u. über Bären=köpfe aufsägten, schon lange schlapp machen mußten. Und manche Lücke hat auch die Kugel gerissen. Also heißt es zufrieden sein! Mit dem Urlaub hat es keine Eile, so müssen die Gedanken heimwärts gehen. Oft bin ich da bei Euch. Dann versuche ich mir die beiden Jüngsten vorzustellen. Das Bild dürfte wohl nicht ganz stimmen, zumal solche Bürschchen in einem Jahr viel vermögen.

Es freut mich, daß es Euch sonst noch gut geht. Dann tut man sich in der Ferne auch leichter. Küsse die Kleinen von mir u. sage ihnen, ich würde ihnen gern eine Schildkröte schicken, die so klein wie eine Hand ist, aber so stark, daß man sich darauf stellen kann. Aber das geht leider nicht.

Nun wünsche ich Euch allen alles Gute! Dir u. allen Lieben, besonders auch Tante Johanna frohe Grüße aus dem „schwarzen Erdteil!

In steten Gedanken Dein Neffe

Franz.

Der SS-Mann und sein Gewissen

Vielleicht ist diese Stelle meines Berichtes geeignet, ein wenig über den Seelenzustand eines 18-jährigen zwangsrekrutierten SS-Mannes zu sagen. Mir ist zu keiner Zeit der Gedanke gekommen, einer guten Sache zu dienen. Allerdings auch weder Mut noch Wille, mich unter Einsatz des Lebens als Widerstandskämpfer zu bewähren. Mit den münsterländischen Freunden sprach man stets hinter vorgehaltener Hand. Hermann Rosker, Heinrich Tillmann und ich beherrschten eine Sprache, die sonst niemand verstand. Wir machten reichlich Gebrauch davon: Münsterländisch Platt. Seither weiß ich meine Mutter- und Vatersprache noch mehr zu schätzen.

Meine Meinung über diesen Krieg und seine Veranlasser war von Hause her durch Vater geprägt. Auch meine Altersgenossen zeigten wenig von dem der Waffen-SS nachgesagten fanatischen Kämpfergeist und der nationalsozialistischen Ideologie. Wenn diese Einheiten dann in Russland und auch später bei der Invasion, bei der Luftlandung der Alliierten bei Arnheim und Nymwegen und bei der Ardennenoffensive 1944 außergewöhnliche Erfolge hatten, so lag das nicht an der Hingabe für den Führer, sondern an der reichen, modernen Ausrüstung, über die die Wehrmacht nicht verfügte. Vor allem aber auch an dem eingedrillten Gehorsam der Truppe und dem Siegeswillen der Kommandeure. Deswegen rechneten wir auch damit, in besonders schwierigen Situationen eingesetzt zu werden.

In dem großen französischen Nationalmuseum in Caen – einem Ort der Landung der Alliierten – werden Filme von den Einsätzen meiner Division gezeigt. Selbst dort wird ihre Tapferkeit gerühmt. Als ich die Schilderung dieser Ruhmestaten sah, war mir ob dieses Kriegsruhms nicht ganz wohl. Von Übergriffen auf die Zivilbevölkerung oder gar auf Gefangene habe ich nie etwas gesehen oder gehört. Gegen den später in Gefangenschaft geratenen Divisionskommandeur, Harmel, und den Befehlshaber des SS-Panzerkorps, Hauser, sind meines Wissens keine Vorwürfe oder Anklagen erhoben worden. Sie wurden wie andere hohe Offiziere behandelt und später entlassen. Überflüssig, mit Nachdruck zu versichern, dass ich mit diesem Hinweis nicht die geringste Absicht verbinde, Kriegsverbrechen der SS zu relativieren. Noch heute bedrückt es mich, dass ich die gleiche Uniform tragen musste wie etwa jene Verbrecher der SS-Panzerdivision „Das Reich“, die in dem kleinen französischen Ort Oradour-sur-Glane Männer und Frauen und Kinder in die Kirche sperrten, die Kirche angezündet und gesprengt haben.

Bis Ende des Krieges wurden 900 000 Männer aller Waffengattungen zum Dienst in die Waffen-SS gezwungen. Der weitaus größte Teil hat sich so verhalten wie jeder Soldat anderer Waffengattungen. Ihre Gräber verdienen den gleichen Respekt wie die aller anderen Soldaten aller Länder. Wer ihre letzte Stätte besucht, widmet sein Gedenken nicht einer entsetzlichen Ideologie, sondern trauert um ihre Opfer.

Viele Jahre später haben der amerikanische Präsident Reagen und Kanzler Kohl den Soldatenfriedhof in Bitburg besucht. Sie wollten nach dem Beispiel von Konrad Adenauer und Charles de Gaulle, die sich über den Gräbern von Verdun die Hände reichten, auch in Bitburg ein Zeichen der Versöhnung und des Friedens setzen. Dieser Besuch in Bitburg wurde von Teilen der Presse und von linken Organisationen zu einem internationalen Skandal gemacht, weil auf diesem Friedhof auch 30 Gefallene der Waffen-SS ruhen.

Mich hat diese Kampagne zutiefst erregt. Niemand hat sich nämlich die Mühe gemacht, nachzuforschen, wer denn diese 30 Toten waren. Niemand hat gefragt, ob sie in irgendeiner Weise schuldig waren. Wie selbstverständlich wurde unterstellt, dass mit der Zugehörigkeit zur Waffen-SS auch der letzte Anspruch verwirkt sei, mit anderen Toten auf dem gleichen Friedhof seinen letzten Platz zu finden.

Der seinerzeitige Bundeskanzler Gerhard Schröder feierte sich selbst, als er zum Gedächtnis an die Invasion im Juni 1943 peinlich bemüht war, einen Soldatenfriedhof zu betreten, auf dem auch SS-Soldaten bestattet sind. Er war nicht fähig zu einer Demonstration der Versöhnung. In Bitburg wurde mit einer maßlosen Kampagne unterstellt, dass der Besuch nicht eine versöhnende Geste, sondern Bekenntnis zur unseligen deutschen Vergangenheit sei. Ich bin nach Bitburg gefahren und habe die Gräber der SS-Soldaten gesucht. Fast alle waren meines Alters, also mit 17 Jahren eingezogen. Von einigen muss ich annehmen, dass sie zur

Division „Frundsberg“ gehörten und in der Ardennenoffensive verbluteten. Ich selbst hätte dort liegen können. Ich stellte mir vor, was man meinem Vater angetan hätte, wenn man einem Grab seines Sohnes die letzte Ehre verweigert hätte.

Zurück auf die Isolierstation des Lazaretts in Evreaux. An den Endsieg, an den wir zu glauben hatten, glaubte ich nicht. Die Chancen, lebend und völlig unversehrt davonzukommen, waren gering. Nicht übel wäre ein Heimatschuss – eine Verwundung also, die nicht das Leben kostet und für die Heimat reicht. Mit einer nicht zu harten und zu langen Gefangenschaft hätte man sich auch abgefunden. Ausnahme: Niemals in sowjetische Gefangenschaft. Es wurde behauptet, die Russen machen bei der SS keine Gefangenen. Das zwingt zum Kampf bis zur letzten Patrone und der Tod mit der Waffe in der Hand sei der Gefangenschaft vorzuziehen. Für mich und meine Freunde stand fest: Siegreiche und gesunde Heimkehr ist ausgeschlossen.

Die Division erlitt die ersten Verluste in der Schlacht von Tarnopol. Aber sehr viel mehr in der Normandie. Dort sollte „Frundsberg“ die zwischen Argentan und Falaise eingeschlossene deutsche Armee in Stärke von 145 000 Soldaten befreien. Die Militärhistoriker bezeichnen diese Kämpfe als die schwersten und verlustreichsten nach der Landung an der Küste, wo am ersten Tag schon 9 000 alliierte Soldaten starben. Es sind nur 45 000 deutsche Soldaten aus dem Kessel gelangt. Hier sind 100 000 gefallen oder gefangen worden. Meinen Freund und Funker Karl Schröder holten die Tommys lebend aus unserem zerschossenen Panzer.

Als ich vor Jahren die Schlachtfelder in der Normandie besuchte, hat mich der Anblick der riesigen Totenfelder unendlich traurig gemacht. Nicht nur, weil unter den Kreuzen die zerfetzten Leiber meiner Kameraden lagen. In Amerika, in Kanada, in England, in Frankreich und vielen anderen Ländern haben die Mütter um ihre jungen Männer so geweint wie die in Deutschland. Das Schaudern lief mir über den Rücken, ich schaute gen Himmel, erinnerte mich, wie die Spitfire, die Lightning oder ein Thunderbold über die Hügel rasten und Feuer und Verderben über alles spuckten. Ich meine noch die gewaltigen Geschosse der alliierten Marine zu hören, wie ihre Eimer großen Geschosse weit ins Hinterland orgelten.

Auf den Totenfeldern der Normandie liegen auch viele tausend amerikanische Soldaten. Nicht auszudenken, was Hitler noch an Verbrechen begangen hätte, wenn diese amerikanischen und englischen Soldaten dem deutschen Diktator nicht in den Arm gefallen wären. Zurzeit wird Amerika so ziemlich für alles Unrecht in der Welt verantwortlich gemacht. Die Kritiker sollten in ihre Bilanzen doch bitte auch eintragen, dass sie uns von dem größten Verbrecher befreit haben, die darbenden Deutschen im Hungerelend mit Carepaketen versorgten und mit dem Marshallplan den Feinden von gestern die Grundlagen für ein besseres Leben spendeten.

Mein Vater hat in seiner Rede bei der Wiedereröffnung unserer Schule bedauert, dass es „außerdeutsche" Mächte sein mussten, die das Ende des Nazireiches herbeifuhrten. Er hat furchtbar darunter gelitten, dass erst eine militärische Niederlage mit einem Strom von Blut dafür gezahlt werden musste, um den Kriegsverbrechern das Handwerk zu legen.

Bei den Kämpfen um die Rheinbrücken, bei der Luftlandung der Alliierten, die sie *„Market Garden"* nannten, landeten 9 000 britische und polnische (!) Fallschirmjäger mitten in dem Gebiet, in welchem die „Frundsberg" nach den schweren Verlusten in der Normandie zur Wiederauffrischung lag. Die alliierte Luftlandetruppe wurde völlig aufgerieben. Zu dieser Zeit wurde auch ich wieder „aufgefrischt" in einem Bett des Rheinhotels in Niederbreisig zwischen Bonn und Koblenz und später in Leipzig. Fast wäre es den Ärzten noch gelungen, mich rechtzeitig für die Teilnahme an der letzten großen Offensive des Zweiten Weltkrieges instand zu setzen. Die Offensive begann am 16. Dezember 1944 und brach an den Weihnachtstagen des Jahres bei Bastogne zusammen. Die Gesamtverluste meiner Division kenne ich nicht. Sie ist bei den letzten Kämpfen 1945 im Raum Berlin völlig aufgerieben. Es gab nicht einmal einen Rest.

Von den letzten Tagen hat Hermann Rosker noch ein Lebenszeichen geschickt. Er fuhr den Panzer hinter mir. Niemand kennt seine letzte Fahrt, niemand hat seinen Eltern gesagt, wo ihr Junge gestorben ist. Auch von Heinrich Tillmann aus Epe – er war der Dritte im Bunde – hat es nie ein Lebens- oder Todeszeichen gegeben. Niemand kennt ihr Schicksal. Ihre Mütter sind längst mit diesem Schmerz ins Grab gesunken. Noch jetzt, als ich dieses schreibe, kriege ich feuchte Augen. Noch heute schnürt es mir die Kehle zu, wenn ich beim Totengedenken im November eine Rede halten muss. „Ich hat' einen Kameraden – ihn hat es weggerissen, er liegt mir vor den Füßen als wär's ein Stück von mir".

Neulich erst habe ich Karl Schröder, meinen Nebenmann und Funker angerufen. Wir beide kennen niemanden mehr, der mit uns zusammen war. Inzwischen kann ich auch mit ihm nicht mehr reden. Ein Herzinfarkt hat seinem Leben ein Ende gesetzt. Ich bin ganz einsam geworden.

Ich könnte mit gewisser Überwindung von der Grausamkeit in den Schlachten, von der Angst des Soldaten, vom schrecklichen Anblick der Toten und dem Schreien der Verwundeten das berichten, was man in Dokumentationen, Büchern und Filmen von heute sehen und hören kann. Ich will dem hier nicht viel hinzufügen, denn meine Erlebnisse unterscheiden sich nicht von dem, was Millionen Menschen aller Völker und aller Fronten im Krieg erlitten haben. Ich will aber auch keinen Zweifel daran lassen, dass der Einsatz in vorderster Front – etwa die Erkundungsfahrten mit dem Spähpanzer – aus einem Menschen zwangsläufig ein soldatisches Raubtier machen. Und beim Kampf um Leben und Tod geht es um die brutale Alternative: Er oder Ich. Mit dem Feinde gibt es keine Gnade im menschlichen Sinne, keine Ritterlichkeit, kein Gebot der Fairness. Es gilt, ihn nicht nur zu jagen, sondern auch zu vernichten. Was ich zu Hause als ungeheuerlich empfand, dass die Soldaten der Flugabwehr jubelten, wenn der Bomber Feuer fängt, und die Besatzung an den Schirmen baumelt, das war an der Front auch unser Handwerk. Wenn es gelang einen T 34 oder einen Sherman „zur Strecke" zu bringen, dann jubelten auch wir, weil die da nicht mehr in der Lage waren, uns umzubringen.

An der Front im Osten

Eine deutsche Armee ist im Kessel von Tarnopol eingeschlossen. Es ist bitter kalt. Quartiere gibt es nicht. Man schläft – wenn überhaupt – in den Gefrierfächern unserer stählernen Kisten. Die ersten Schüsse gelten den zahlreichen Hasen, den Etappenhasen, nicht dem Feind. Sie werden nicht gebraten, sondern mit Hilfe der Lötlampe im Eimer gekocht. Karl Schröder behauptet, wir hätten dazu einen Flammenwerfer benutzt. Karl erinnerte sich im Unterschied zu mir auch genau daran, dass wir bei einem Spähtrupp einen ganzen Eimer Hühnereier erbeutet hätten. Es sei Ostrops Idee gewesen, sie in die Reste des noch aus der Normandie stammenden Calvados zu rühren. „Das war der beste Eierlikör des ganzen Krieges".

Eine Kleinigkeit habe ich in lebhafter Erinnerung. Wir stehen in der Dämmerung am Rande der Rollbahn. Ein Panjewagen mit vermummten Gestalten rollt vorbei. Eine von tausenden Familien, die täglich aus den umkämpften Gebieten flüchten. Ich nehme ein halbes Kommissbrot – wir hatten genug davon – und reiche es einer Frau auf dem Karren. Sie erschrickt, wohl auch wegen der ungewohnten Geste eines fremden Soldaten, nimmt meinen Kopf zwischen die Hände und küsst mein Gesicht. Vielleicht war dies die einzige Zärtlichkeit in der Schlacht um Tarnopol. Für mich ganz bestimmt.

Von der Not der polnischen und russischen Zivilbevölkerung, ist selten die Rede. Die Flüchtlingstrecks wurden wie eine Welle vor den Fronten hergetrieben, überrollt. Und niemand wird die Frauen und Kinder zählen, die man überrollte, die verhungert, verdorben und gestorben sind. Damals ahnte man nicht, dass später über 15 Millionen Deutsche aus ihrer Heimat vertrieben wurden. Zwei Millionen sind dabei umgekommen. In der Ostsee wurde die „Gustloff" mit 9 000 Flüchtlingen mit russischen Torpedos in die Tiefe gejagt. In Neustadt an der Ostsee wurden noch einige Tage nach der Kapitulation von britischen Bombern drei Schiffe mit Häftlingen aus dem KZ Neuengamme versenkt. Die Briten hatten im Siegestaumel noch alles versenkt, was ihnen ins Visier geriet. Man schätzt, dass 9 000 KZ-Häftlinge ihre Opfer waren. Das Elend der Vertreibung lässt sich an der Zahl der

Opfer messen, nicht das Leid, das jeder einzelne ertragen hat. Familien wurden auseinander gerissen. Noch heute gibt es „Findelkinder“, deren Mütter auf der Flucht erfroren oder verhungert sind. Das überlebende Kind wird nie erfahren, was seine Heimat war, es kennt seinen Vater und seine Mutter nicht.

Erkennungsmarke Nr. 2140

Ich habe ein Bild vor Augen, das sich tief in mein Empfinden eingegraben hat. Als wir den Kessel von Tarnopol „aufzubrechen“ hatten, gab es massive Unterstützung durch die Luftwaffe. Es waren die damals berühmten JU 87, also Sturzkampfbomber, die sich mit ihren Bomben wie Habichte im Sturzflug auf die Ziele stürzten. Einer von ihnen ist waidwund geschossen, er überschlägt sich bei der Notlandung und liegt direkt vor mir auf der Rollbahn. Der Pilot hängt tot in seinen Gurten. Wir haben nicht einmal Zeit, ihn loszubinden. Das Kriegshandwerk hat absoluten Vorrang. Vor Minuten noch hat sich dieser stolze Raubvogel auf seine Beute gestürzt und jetzt liegt er rücklings auf dem Feld.

Wenn ich heute an dieses Bild denke, kommt mir ein uraltes Soldatenlied in den Sinn:

„Gestern noch auf stolzen Rossen, heute durch die Brust geschossen, morgen in das kühle Grab.“

Meine schlimmsten Erinnerungen an die Schlachten in Ost und West sind die, dass Verwundete und Sterbende an der Straße liegen bleiben. Das Gedröhn der Motoren und der Lärm der Schlacht erstickten die Schreie der Verwundeten und das Stöhnen der Sterbenden. Wie im Lied vom guten Kameraden: „*Will mir die Hand noch reichen, kann dir die Hand nicht geben*“. Der Mann, der auf dem Weg von Jerusalem nach Jericho unter die Räuber geriet, wurde von dem barmherzigen Samariter aufgelesen, gepflegt und in die Herberge gebracht. Für Samariter dieser Art war kein Platz auf den Schlachtfeldern des Zweiten Weltkrieges.

Retour – nach Frankreich

Noch während der Schlacht um Tarnopol werde ich abkommandiert. Man will die Verluste der Truppe durch Ausbildung junger Unterführer auffangen. Ich sei dafür geeignet. Etliche Kilometer hinter der Front hausen wir in einem Dorf. Die Partisanen besuchen uns fast jede Nacht. Der Sinn und die Methode der Ausbildung sind ziemlich simpel. Mein Bildungshunger auch. Die Chance, bald zum Unterscharführer der Waffen-SS befördert zu werden, hat nicht den geringsten Reiz. Die ganze Veranstaltung ist eher ein Härte- und Ausdauertraining. Man jagt uns mit voller Ausrüstung durch den Fluss, macht Sturmangriff auf das andere Ufer, bildet Brückenköpfe, zeigt uns Bilder sowjetischer Panzer und Geschütze.

Eines Morgens, es ist die erste Junihälfte 1944, gibt es Alarm. Weder die Ostfront ist ein- noch der Friede ausgebrochen. Und doch sei es ein großer Tag, verkündet unser Kommandeur. Wir seien dem Endsieg ein großes Stück näher gekommen. Unsere Feinde nämlich, und zwar die im Westen, hätten es gewagt, in Frankreich an Land zu gehen. Endlich könnten wir sie packen. Wir werden sie über den Kanal zurückjagen. „Heil dem Führer!"

Bei diesen Manövern sei der „Frundsberg" eine ganz besondere Rolle zugedacht. Was, wie sich später herausstellt, nicht völlig falsch war. Man kann sich vorstellen, dass die Verlegung einer ganzen Division in voller Kampfstärke über viele hundert Kilometer kein Spaziergang, sondern ein gewaltiges logistisches Unternehmen ist. Tagelang haben wir den Eindruck, man habe unseren Ausbildungshaufen vergessen. Wir bekommen das hingestellt, was die anderen nicht mehr haben wollen. Zerbeulte Lastwagen, Schützenpanzer, an denen die Kerngeschosse an einer Seite rein und an der anderen wieder rausgeflogen sind. Ich bekomme ein so genanntes Maultier. Es ist ein Kettenfahrzeug, geländegängig wie ein richtiger Esel und oben offen wie ein Cabrio. In der Normandie angekommen, erleben wir noch alle Schrecknisse der Materialschlacht. Und das tausendfache Sterben.

Am 20. Juli, als Stauffenberg versuchte, die Tragödie zu beenden, als in Paris die deutschen Befehlshaber den Putsch schon eingeleitet hatten, als die Offiziere des Widerstandes im Bendlerblock an die Wand gestellt oder in Plötzensee gehängt wurden, da kam ein Befehl des Oberkommandos, der mir schon damals als irre, groteske und hilflose Reaktion auf das Attentat erschien: Alle mussten ab sofort den Gruß entrichten wie der Führer ihn übte. Den Arm zum Siegeszeichen ausgestreckt, und nicht mehr die Hand an den Helm oder an das Käppi.

Wir Soldaten der Waffen-SS, die wir diese Form der Ehrenbezeugung schon in der Ausbildung trainiert und gedrillt hatten, konnten uns bei allem Ernst der Situation ein Schmunzeln nicht verkneifen, wenn die Kameraden der anderen Feldpostnummer „richtig" grüßen mussten. Als ich einen Landser der Wehrmacht fragte, wie ihm der neue Gruß bekomme, antwortete er: „Es wäre besser, wir würden beide Hände heben".

Ich erinnere mich an ein heilloses Durcheinander im Bewegungskrieg, weil man dem Gegner nicht an einer bekannten Front gegenüber steht. Die Gefahr lauert an allen Seiten und hinter jeder Ecke. Vor allem stürzt sie aus dem Himmel. Die Fronten waren ineinander verkeilt. Nachts sind sich deutsche und englische Panzer begegnet. Sie haben nicht geschossen, weil sie sich nicht als Feinde erkannt haben.

In Auerbachs Keller

Bis heute weiß ich nicht, wer, wo und warum man mich in der Normandie eines Nachts lebend aus einem Bombentrichter holte. Ich muss da wohl hinein geflogen sein. Mit oder ohne Panzer. Irgendwie komme ich auf einen Verbandsplatz. Ein Saal in einem Schloss. Auf dem Hof ist ein Rotes Kreuz ausgelegt und an der Wand des Saales hängt ein riesiger, prunkvoller Gardinen-Quast. Ich kann nicht erklären, warum dies in meine Erinnerung eingegangen ist. Es gab doch wichtigere Dinge als Gardinentrottel. Vielleicht fehlte mir auch der eine oder andere meiner Sinne. Ganz sicher erinnere ich mich an wahnsinnige Schmerzen an meinem rechten Bein.

Wir, die transportfähigen Verwundeten, müssen Platz machen für die Schwerverwundeten der nahen Front. Wir liegen bald im Stroh auf der Ladefläche eines Lastwagens. Ab nach Reims. Dort steht ein Lazarettzug. Vorne und hinten ein Wagen mit leichter Flak. Lazarettzug mit Flak? Später höre ich, die Flieger hätten auch Lazarettzüge beschossen. Noch später höre ich die andere Seite: die Lazarettzüge hätten auf der Fahrt zur Front Munition transportiert. Alle Gesetze der Menschlichkeit, der Humanität, der Fairness sind außer Kraft gesetzt.

Doch ich finde mich bald wieder, und zwar in einem Hotelbett des Rheinhotels in Niederbreisig zwischen Bonn und Koblenz. Ein herrliches Lazarett! Feudale Sicht, der Rhein zu meinen Füßen. Gelegentlich aber auch ein Tiefflieger der es nicht auf uns, sondern auf die Rheinschiffe abgesehen hat. Die Flut schwer verwundeter Soldaten von der Westfront wird immer größer. Wir müssen wieder Platz machen. Die nächste Station ist Leipzig. Mitten in der Nacht lande ich auf einer quietschenden Pritsche der Hans-Schemm-Schule in Leipzig, die zu Ehren von Hitlers Erziehungsminister diesen Namen trägt. Meine Schlafgenossen staunen über den nächtlichen Neuzugang. Einer ruft verwundert: „Der Kerl hat ja zwei Beine!“ Die hatten nämlich jeweils nur eins.

Der Oberstabsarzt sei geistig behindert, flüsterte man sich unter dem Schutz der Bettdecke einander zu. Er habe sein Krankengut nach bestimmten Kriterien sortiert. So komme ich wegen meines gequetschten Beines in die Klasse der Beinamputierten, weil für diese ein „Pullensani" eingeteilt werden muss, einer, der auf einem Bollerwagen die Urinflaschen transportiert. Selbst der Kaiser geht „per pedes" zu bestimmten Lokalitäten, was unsereiner nicht konnte und nicht brauchte. Wenn der Sanitäter mit den Urinflaschen auf dem Rollwagen an der Tür erschien, jubelten wir: „Hier steh'n wir alle Mann für Mann, jetzt hat die Not ein Ende." Dieser Spruch – im Zweifel von den tapferen Schweizern auf dem Rütli gerufen – passte insofern nicht genau, weil wir nicht standen, sondern lagen, Mann für Mann.

Ich gehe zunächst an zwei Krücken. Eine davon muss ich abgeben. Sie würde gebraucht. Ich könnte auch mit einer. Wöchentlich erscheint der Heldenklau auf der Suche nach dem vorletzten Aufgebot. Ein Arzt, der die Böcke von den Schafen trennt. Die Genesenen von den Kranken. Ein Sani verrät mir einen Trick: „Musst die Hacken zusammenschlagen, laut schreien und tapfer melden: ‚SS-Sturmmann Ostrop bereits zur Entlassung vorgesehen.' Dann hält er sich bei dir gar nicht auf, das Schicksal geht an dir vorbei und wenn du Glück hast, kannste bleiben."

Der Oberstabsarzt macht nur einen Strich auf seinem Notizblock und dann weiter zum nächsten Opfer. Wahrscheinlich muss er jeden Tag eine bestimmte Anzahl tauglicher Soldaten finden. Auf diese Weise habe ich meine Genesung doch ein wenig ausgedehnt.

Ich darf in die Stadt gehen, war sogar in Auerbachs Keller, wo ich Mutters Essensmarken vertilge. Gerate sogar eines Abends durch einen Seiteneingang in die Thomaskirche, wo ein unsichtbarer Organist die berühmte Orgel spielt. Ein Kirchendiener verriet mir seinen Namen: Professor Günter Ramin. Ich kann mich mein Leben lang rühmen, dass der berühmte Thomaskantor und Dirigent des Gewandhaus-Orchesters, Professor Günter Ramin, dem SS-Sturmann Ostrop in der Thomaskirche zu Leipzig ein Orgelkonzert seines noch berühmteren Vorgängers Johann Sebastian Bachs gewidmet hat (bildete ich mir ein). Es passt nicht ganz zu dieser Erhabenheit, dass der Kirchendiener mir bald empfahl, doch nicht über den Zapfen zu hauen. Ich solle besser jetzt gehen.

Nichts mehr zu retten

Die Lage an den Fronten verschlechtert sich dramatisch. Was während des Krieges als Kampf- und Schlachtenparole propagiert wurde, nämlich die Heimat zu verteidigen, bekommt jetzt eine wörtliche Bedeutung: Die Front ist in der Heimat. Im Westen wie im Osten überrollen die feindlichen Truppen die deutschen Grenzen. Nichts ist mehr übrig von den Siegesfanfaren der Eroberungsfeldzüge. Die täglichen Berichte des Oberkommandos der Wehrmacht, die früher wie Feldgottesdienste zelebriert wurden, handeln jetzt nur noch von der Tapferkeit unserer Soldaten, von den Verlusten des Feindes, um in den Schlusspassagen zu melden, dass die Stadt Soundso trotz heldenhaften Widerstandes in die Hand des Feindes gefallen ist. Truppenreserven gibt es nicht mehr. Die Heeresverbände bluten buchstäblich aus. Nicht nur in der Nacht, sondern auch am hellen Tage fliegen die Bomber mit ihrer tödlichen Last über Deutschland. Eine Stadt nach der anderen wird mit Spreng- und Brandbomben zerfetzt und ausgeglüht. Unter den Trümmern viele tausend ihrer Bürger. Die Heimat liegt nicht mehr weit hinter der Front – sie ist selbst eine wehrlose Front geworden.

Was früher undenkbar war, nämlich am Endsieg zu zweifeln, geschieht schon hinter vorgehaltener Hand. Nur laut darüber zu sprechen traut man sich nicht. Die Botschaften in der Zeitung und die Propagandaphrasen im Großdeutschen Rundfunk quittiert man mit Schulterzucken. Die öffentlichen Dienste Telefon, Post und Bahn funktionieren nicht mehr. Die verwundeten Soldaten sind die verlässlichsten Frontberichterstatter, genauso wie Flüchtlinge, Vertriebene und Ausgebombte. Die Angst breitet sich aus, dass die Russen eher kommen als die Engländer und Amerikaner. Man beginnt einen so genannten „Volkssturm“ zu organisieren: Jugendliche und alte Männer sollen Panzergräben und Abwehrstellungen bauen. Mit der Schaufel als letzte Waffe. Niemand ist darauf aus, schnell wieder einsatzfähig zu werden und an die Front zu eilen. Ich am allerwenigsten. Durchhalteparolen kommen von denen, die nicht reinen Gewissens sind und verzweifelt versuchen, ihre Haut zu retten.

Zwei Tage zu Hause

Für die zweite Hälfte des Dezembers 1944 hat der Gefreite des Ersten Weltkrieges und Oberbefehlshaber des Zweiten Weltkrieges – Hitler also – eine große Entscheidungsschlacht befohlen. Alles, was noch marsch- und kampffähig scheint, wird im Süden der Westfront bereitgestellt. Tatsächlich beginnt am 16. Dezember in den Ardennen die nach ihrem Befehlshaber benannte Rundstedt-Offensive. Man will in schnellem Vorstoß Antwerpen erreichen, um so die Westarmeen einzukesseln. Es ist Hitlers letzte große Verzweiflungstat.

Dass der SS-Sturmmann Ostrop dazu bestimmt sein soll, zusammen mit verstümmelten Resten der einst stolzen Panzerdivision „Frundsberg“ den Endsieg zu erringen, weiß er noch nicht, aber er fürchtet es. So begibt er sich mit Marschbefehl zu einer Ersatzeinheit der Panzeraufklärer, die sich noch irgendwo an der Oder bei Crossen aufhält. Nach Tagen – ohne Eile – dort angekommen, macht man mir klar, ich sei von „Hause her“ gar kein Panzeraufklärer, sondern ein Pionier und solle mich eilends nach Paderborn zu meiner Pionier-Ersatztruppe ins Sennelager begeben. Ich staune über die noch funktionierende preußische Tugend, bis zur letzten Patrone nach HDV (Heeresdienstvorschrift) zu verfahren. Immerhin: besser Richtung Westen abgeschoben als den Russen vor die Gewehre geschickt zu werden.

Meine tagelange Reise – wieder ohne Eile – verbringe ich höchstens zu einem Drittel auf den Schienen. Hauptsächlich aber in Wartesälen, möglichst mit Luftschutzbunkern. In Paderborn wird alles was noch Beine hatte sofort an die Front geschickt. Ich hätte mich unverzüglich bei der „Frundsberg“ zu melden. Wo die denn sei? Antwort: „An der Westfront! Vielleicht im Raum Aachen, aber die wechseln öfter.“ Ich solle suchen.

In den nächsten Tagen vollbringe ich die wahrscheinlich größte Heldentat im Dienst an Führer, Volk und Vaterland: ich fahre nach Hause. Ungefährlich ist das nicht, wegen der Feldgendarmerie, man nennt sie Soldatenklau. Sie haben an einer Kette einen blitzenden Schild um den Hals gehängt und vermuten in jedem reisenden Soldaten einen Deserteur. Andererseits: Wenn man von Paderborn nach Aachen geschickt wird, kommt man doch zu Hause vorbei. Gedacht, gemacht.

Noch heute spüre ich die Nöte und Sorgen von Vater und Mutter, die Traurigkeit meiner Schwestern und Brüder und – warum soll ich es leugnen – meine eigene große Angst.

Bruder Berthold liegt mit hohem Fieber und einer Lungenentzündung im Bett. Vaters Zustand ist erbärmlich. Also Abschied – vielleicht für immer.

Schwester Maria bringt mich am Abend vor Heiligabend zum Bahnhof nach Bork. Sie sitzt stundenlang tapfer bei mir, bis endlich ein Zug kommt. Meine Reise wird schon in Dortmund unterbrochen. Die Reisenden rennen vor anfliegenden Bombern in die Bunker. Mein Marsch Richtung Westfront beginnt abenteuerlich. Gegen Abend finde ich einen leeren Luftschutzbunker, einen Unterstand aus Balken und Brettern. Von dort sieht man schon das Flackern der Geschütze am nächtlichen Himmel. Ich denke an Walter Flex und die Wildgänse, „die durch die Nacht rauschen" und an die „Fahlhelle" und den „gellenden Schlachtruf" und wie weit der „Hader wallt und wogt".

Es muss in der Gegend von Aachen gewesen sein. Ich bin ganz allein. Ich packe Mamas Päckchen aus. Ich knabbere an Mamas Spritzgebäck. Ich zünde das Kerzchen an, das Mama eingepackt hat. Im Stall von Bethlehem soll es auch nicht gemütlich gewesen sein. Allerdings erscheint doch noch ein Engel. In Gestalt einer älteren Frau. Sie bringt mir ein Glas Wein. Das leere Glas soll ich einfach stehen lassen.

Der erste Weihnachtstag hat einen klaren Himmel. Nicht weit von mir trudelt eine brennende ME 109 zu Boden. Der Pilot baumelt am Fallschirm hinterher. Etwas später treffe ich ihn auf einer Nachrichtenstelle. Er meldet sich telefonisch bei seinem Geschwader und ich erkundige mich nach dem Verbleib der Division „Frundsberg". Die sei, höre ich, nicht hier in der Gegend. Wohl in den Ardennen, mit der Rundstedt-Offensive beschäftigt.

Auf dem Weg dorthin komme ich durch ein Dorf. Es scheint menschenleer. Doch dann öffnet sich eine Tür und eine Frau bittet mich zum Mittagessen. Es ist der erste Weihnachtstag des Jahres 1944.

In meinem späteren Leben habe ich an vielen Festtafeln gesessen, manches Glas Wein getrunken und feierliche Reden gehört und auch einige gehalten. Von den festlichen Anlässen und den hoch mögenden Gastgebern habe ich noch viele in meiner Erinnerung. Den kleinen Ort in der Eifel aber habe ich nicht notiert. Den Namen der Frau noch am selben Tage vergessen. Vielleicht hatte sie einen oder zwei Söhne an der Front oder in Gefangenschaft und ich bekam an deren Stelle den Platz am Weihnachtstisch. Diese stille Menschlichkeit, die ich zu Weihnachten an der Westfront erfahren durfte, bleibt anonym – vielleicht ist das ein Merkmal guter Werke.

Abends schlafe ich auf der Bühne einer Gastwirtschaft irgendwo. Meine Kumpane und ich hätten ein modernes Motiv für ein zeitgenössisches Gemälde geliefert: „Das letzte Aufgebot". In diesem Aufgebot spürt niemand den Drang, zur Fahne zu eilen.

Mein letztes Gefecht

Am Nachmittag des zweiten Weihnachtstages sehe ich endlich einen Kübelwagen mit dem taktischen Zeichen meiner Division. Man will wissen, warum ich mich in der Etappe herumtreibe. Von wegen herumtreiben. Ich bin auf dem Marsch an die Front. Dann könne ich ja mitkommen. Man brauche sowieso eine Kühlerfigur.

Kühlerfigur war das, was man bei der Marine Ausguck nennt. Ausgucken muss ich rechts vorne auf dem Kotflügel sitzend nach den verdammten Spitfire, den tief fliegenden englischen Feuerspuckern.

Dann kracht es.

Nicht vom Himmel hoch, sondern von vorne. Wir knallen in der beginnenden Dunkelheit mit einem anderen Wagen frontal zusammen.

Auf dem Verbandsplatz werde ich wieder wach. Ein Verbandsplatz der Division „Frundsberg". Fallschirmjäger nennen das eine punktgenaue Landung. Man habe mich aus dem Graben gezogen, ich hätte einige Knochen kaputt, hauptsächlich an den Beinen. Vielleicht auch an den Armen. Man werde mir „eine Morphium verpassen", ein Schild um den Hals hängen, damit ich nicht zweimal Morphium kriege. Auf der Fahrt ins Lazarett habe ich mich des Morphiumscheins entledigt. Als ich wach werde, liege ich vor einem Beichtstuhl in der Klosterkirche von Rheinbach. Wer dort am lautesten weint oder schreit, bekommt Morphium. Ich auch. Es war schlimm.

Wir liegen auf Stroh. Gebrochene Glieder werden mit Papierrollen geschient. Wer zwei bewegliche Hände hat, muss die von der Wäsche noch feuchten Binden wickeln – für die Wunden. Die Rotkreuzschwestern arbeiten mit müden Händen bis zum Umfallen. Gefangene Kanadier tragen uns arme Kerle auf die Klos. Noch heute sehe ich meinen Samariter von damals: Es ist ein gewaltiger Kerl. Er trägt mich auf seinen Armen und setzt mich mit Zärtlichkeit auf die Brille. Ein Liebesdienst der ganz besonderen Art. Ich hätte ihm am liebsten das Verwundetenabzeichen verliehen. Noch lieber hätte ich ihm die deutsch-kanadische Freundschaft angeboten. Mitten im Krieg.

Zwischen Weihnachten und Neujahr bricht die deutsche Offensive zusammen. Das Wetter klärt auf und die alliierte Lufthoheit ist komplett. Die Splitter aus den Verglasungen der Kirchenfenster fliegen uns um die Ohren.

Jahre nach dem Krieg war ich wieder in dieser Kirche. Eine alte Schwester berichtete, die Kirche sei damals von Bomben getroffen und es habe viele Opfer gegeben. Ich war nicht mehr da. Ich war wieder unterwegs und befand mich in einem Lazarettzug Richtung Osten. Auf dem Verschiebebahnhof Duisburg stoppt der Zug. Sirenen heulen, dann „akute Luftgefahr". Ungezählte Bomber, die in mittlerer Höhe über uns fliegen. Sie fliegen weiter mit ihrer tödlichen Last.

Ich liege hilflos auf der Pritsche des Lazarettzuges. Weil ich ohnehin nicht aufstehen kann, hat man mich in den dritten Stock des Zuges gehoben. Wer noch kann, kriecht aus dem Zug und sucht Deckung zwischen den Gleisen. Das Gedröhn der Bomber wird schwächer, dann schwillt es wieder an. Und wird langsam wieder still. Das Schicksal ist über uns hinweggedröhnt.

Es bleibt die Ahnung von der Angst der Zivilbevölkerung, die viele Nächte in den Kellern zittert, wenn das Verderben vom Himmel fällt. Die Vorstellung von brennenden Städten und die verzweifelte Suche nach Opfern in den Trümmern.

In Drossen an der Oder werden wir ausgeladen. Nur wenige Kilometer von Drossen liegt Crossen, wo ich mich acht Tage vorher zum Fronteinsatz zu melden gehabt hatte. Vom Lazarett in Drossen schicke ich einen Brief nach Hause. Ein Lebenszeichen. Zu Hause will niemand glauben, dass ich Heiligabend an die Westfront reise und mich acht Tage später aus einem Lazarett von der Ostfront melde.

Die Zustände im Feldlazarett sind unvorstellbar. Ärzte und Pfleger sind völlig überlastet. Die Schwerverwundeten liegen auf Stroh oder Decken. Ich bin sicher, dass nur jene versorgt werden konnten, bei denen eine Chance bestand. Die Hoffnungslosen starben ohne Hilfe, ohne Trost. Das Einzige war ein Becher Wasser.

Neben mir liegt ein armer Kerl, der an vielen Stellen des Körpers durch Granatsplitter verwundet ist. Seine Wunden verbreiten den süßlich-ekeligen Eitergeruch. Halb wach und halb in seinen Fieberträumen schreit er nach seiner Mutter. Ich verspreche ihm, seinen Eltern zu schreiben. Er stirbt an meiner Seite. Seinen Namen habe ich nicht erfahren. Die Adresse seiner Eltern auch nicht. Kein Einzelschicksal. Ein hunderttausendfaches.

In dem Lazarettzug, der uns nach drei Tagen Aufenthalt in Drossen wieder abholt, ist der Tod ein ständiger Begleiter. Mit zwei Gipsbeinen und einem Gipsarm bin ich ein leichter Fall. Weil im Westen kein Platz für Verwundete ist und uns im Osten die Sowjets entgegen kommen, rollen wir jetzt nach Süden. Einem Leidensgenossen neben mir hat man die Hand abgeschossen. Er trägt noch einen Wundverband. Irgendwo an einer Haltestelle erklärt er, für ihn sei der Krieg zu Ende. Er habe die Schnauze voll, steigt aus und ward nicht mehr gesehen. Selbst für das allerletzte Aufgebot taugte er nicht mehr. Er erfüllte nach der Heeresdienstvorschrift den Tatbestand der unerlaubten Entfernung von der Truppe. Man hat diesen armlosen Fahnenflüchtigen bestimmt in Frieden ziehen lassen. Er hatte „Herz und Hand fürs Vaterland" gegeben. Ich habe ihm eine gute Heimkehr gewünscht.

Mit uns, dem vorletzten Aufgebot, rollt man nach Hof in Bayern. Wir lagern im großen Saal des Schützenhofes. Hier endlich können die Verwundeten, die mit mir von West nach Ost und dann vor den Russen von Ost nach Süd geflohen sind, zusammen mit den Verwundeten von der Ostfront endlich versorgt werden. Erst nimmt man die ärmsten Kerle, die Amputierten, die mit den Splittern im Leib, die Schussverletzten und die Fiebernden in Pflege.

Zu diesen Kategorien gehöre ich nicht. Was mich aber sehr quält, sind Läuse, die auf geheimnisvolle Weise unter meinen Gips gekrochen sind. Ich versuche, sie mit einem Stück Gardinenstange zu vertreiben. Das macht die Brut erst richtig munter. Bis der Sani mit der Gipsschere kommt. Die lausigen Nester werden ausgeräuchert und schließlich meint der Doktor, ich hätte, abgesehen von diversen Blutergüssen, Prellungen und Quetschungen, schätzungsweise drei Knöchel gebrochen. Sie seien auch falsch zusammen gewachsen. „Ihr rechter Fuß steht ja schief." Diese besondere Stellung hat der Fuß bis heute behalten. Nach dieser Visite ist mir klar, dass ich in diesem Krieg keinen Stiefel mehr anziehen werde. Ich lerne, mit Krücken zu laufen und harre der Dinge, die da kommen sollen.

In der zweiten Februarhälfte verbreiten sich schlimme Gerüchte. Die ganze Stadt Dresden sei dem Erdboden gleich gemacht worden und hätte die Bewohner und zehntausende Flüchtlinge unter sich begraben. Ein Augenzeuge berichtet, die Menschen seien als brennende Fackeln in die Elbe gerannt. Die Berichte sind so grauenvoll, dass man ihnen keinen Glauben schenken mag.

Jahre später – einige Tage nach dem Fall der Mauer – stehe ich mit meiner Frau nachts vor den Trümmern der Frauenkirche in Dresden. Sie hatte den Bomben und der Feuersbrunst am 15. und 16. Februar 1945 zunächst widerstanden. Tage danach – als das Gemäuer erkaltete – brach das stolze Bauwerk zusammen. Nur zwei Teile des Gewölbes ragten wie flehende Hände in den nächtlichen Himmel.

In dieser Nacht beschlossen wir, auch einem anderen Mahnmal einen Besuch zu machen. Wir sind sehr bald nach Coventry gefahren.

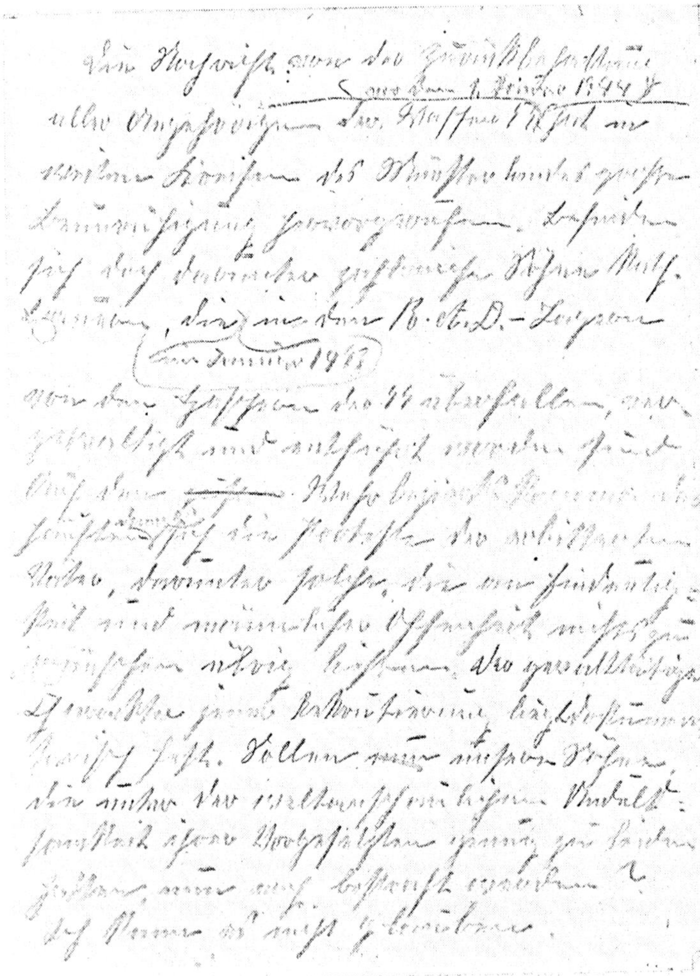

Entwurf des Schreibens an die Besatzungsmacht

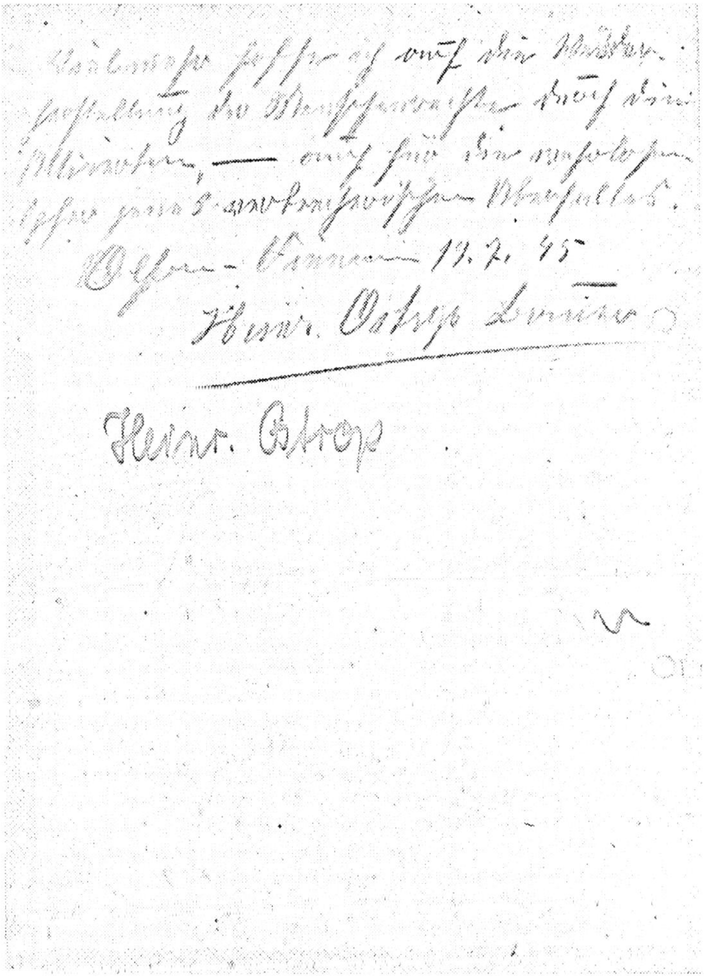
17.7.45
Heinr. Ostrop

Entwurf des Schreibens an die englische Besatzungsmacht des Vaters Heinrich Ostrop in Sorge um seinen noch nicht zurückgekehrten Sohn

Die Nachricht von der Zurückbehaltung aller Angehörigen der Waffen-SS, die vor dem 1. Januar 1944 rekrutiert wurden, hat in weiten Kreisen des Münsterlandes große Beunruhigung hervorgerufen. Befinden sich doch darunter zahlreiche Söhne katholischer Bauern, die im Januar 1943 in den RAD-Lagern von den Häschern der SS überfallen, vergewaltigt und entführt worden sind. Auf den Wehrbezirkskommandos häuften damals sich die Proteste der erbitterten Väter, darunter solche, die von Eindeutigkeit und männlicher Offenheit nichts zu wünschen übrig ließen. Der gewalttätige Charakter jener Rekrutierung liegt dokumentarisch fest. Sollen unsere Söhne die unter der weltanschaulichen Unduldsamkeit ihrer Vorgesetzten genug zu leiden hatten, nun auch noch bestraft werden? Ich kann es nicht glauben. Vielmehr hoffe ich auf die Wiederherstellung der Menschenrechte durch die Alliierten, auch für die wehrlosen Opfer jenes verbrecherischen Überfalls.

Olfen-Vinnum 19.7.45
Heinrich Ostrop, Bauer

Abschrift des Entwurfschreibens an die Besatzungsmacht

Das Soldbuch

Soweit wir verlässliche Berichte von der Bewegung der Fronten bekommen, wird eine Frage immer brisanter: Wer ist als erster in Hof, die Russen oder die Amerikaner? Ich bin fest entschlossen, vor einer russischen Front zu flüchten, notfalls auf Krücken.

Für den Fall, dass mich die Amerikaner gefangen nehmen, steht mein Plan fest. Ich werde ihnen in der Uniform der Waffen-SS entgegentreten. Ich werde mein Soldbuch nicht wegwerfen. Ich werde verlangen, die Umstände zu klären, unter denen ich rekrutiert wurde. Ich werde verlangen, nicht als Täter dieser Truppe, sondern als Opfer behandelt zu werden. Ich werde verlangen, in meiner Heimat Auskunft zu holen, obwohl ich kaum erwarten konnte, dass sich die Amis diese Mühe machen würden. Doch vertraute ich auf meinen Vater, der bestimmt alle Mittel anwenden würde, um mich zu holen – was sich später auch bestätigte. Allerdings wusste mein Vater gar nicht, wo ich mich aufhalte.

Die Soldaten der Waffen-SS trugen unter dem linken Arm eine Tätowierung. Für dieses Zeichen gab es damals und auch heute noch die abenteuerlichsten Erklärungen. Tatsächlich wurden die deutschen Gefangenen von den Siegern auf dieses Zeichen hin untersucht und sortiert. In russischer Gefangenschaft mit schlimmen Folgen. In Wirklichkeit war die Tätowierung nicht ein „SS-Vögelchen", sondern nichts anderes als das Blutgruppenzeichen. Die Soldaten meiner Abteilung hatten ein solches Zeichen nicht. Ich hätte also mein Soldbuch verbrennen können und wäre problemlos eingetaucht in das Heer der Gefangenen. Genau das wollte ich nicht. Dieser Plan hatte nichts mit Bekennermut zu tun, sondern entsprach der Überlegung: Wer seine Zugehörigkeit zu dieser Truppe leugnet, dann aber irgendwann überführt wird, der macht sich in hohem Maße verdächtig.

Eines (guten) Tages hört man vereinzelte Schüsse. Draußen rasseln erste Panzer über die Straßen. Wir kriechen in die Kellergewölbe des Schützenhofes und harren der Dinge, die da kommen sollen.

Sie kommen! Sie kommen in Gestalt eines einzigen amerikanischen Soldaten die Treppe herunter. Der Bursche kaut auf seinem Gummi, hält zwar eine Maschinenpistole in unsere Katakomben, schießt aber nicht, sondern macht eher einen friedlichen, fast freundlichen Eindruck. Nach vielen Jahren bilde ich mir noch immer ein: Den werde ich wieder erkennen.

Er sieht mich und meine Runenzeichen auf dem Kragen und scheint angesichts seiner Beute richtig glücklich zu sein, denn er hat ja einen leibhaftigen SS-Mann erbeutet und will ihn wohl bei den Oberen vorzeigen. Von dieser Heldentat hat er bestimmt in seiner Heimatzeitung berichtet. Ich habe also zu folgen. Besser: er folgt mir und hält seine MP an meine humpelnden Hacken. So kutschen wir mit einem Jeep zu irgendeiner Schreibstube, die gerade eingerichtet wird. Das dauert lange. Meine Bewachung kümmert sich nicht um mich. Fast habe ich den Eindruck, sie haben mich vergessen. Vielleicht warten sie auch darauf, dass ich abhaue. Dann kommt mal einer vorbei und hält mir eine Zigarette hin. Ich warte. Endlich taucht einer auf. Ich kenne die Dienstgrade der Amerikaner nicht. Es scheint ein Offizier zu sein. Zur Vorsicht nehme ich unter Verzicht auf den deutschen Gruß und zur Schonung meiner Hacken ein wenig Haltung an, nicht sehr zackig, sondern schon ziemlich amerikanisch.

Zu meiner großen Verblüffung spricht er mich in fließendem und akzentfreiem Deutsch an.

> Die erste Frage:
> *„Warum tragen Sie noch immer diese Uniform?"*
> Meine Antwort:
> *„Ich habe keinen Grund zu leugnen, dass ich ein Soldat der Waffen-SS bin."*
> *„Haben Sie Papiere?"*
> Ich ziehe mein SS-Soldbuch aus der Tasche.
> *„Warum haben Sie das nicht verbrannt?"*
> Meine Antwort:
> *„Ich habe nichts zu leugnen. Ich will nachweisen, bei welchen Truppenteilen ich war."*

Er blättert sehr interessiert und sagt, er habe noch nie ein SS-Soldbuch gesehen. Ich erkläre ihm, dass ich keine Tätowierung unter dem Arm habe, also einfach hätte untertauchen können. Dann lässt er sich meine Geschichte erzählen, macht sich Notizen, drückt einen Stempel in mein Soldbuch, legt einen Zettel hinein und entlässt mich.

Leider nicht nach Hause, sondern in eine Sammelstelle. Dort lungern und hungern wir ein oder zwei Tage herum. Dann rollen etliche Lastwagen an. Auf jeden kommen 50 Mann. Das ist zwar zuviel, aber die Boys können dann besser zählen.

Die Fahrt scheint endlos. Wir sind auch misstrauisch, weil es in Richtung Osten geht. Wir werden auf einem Flugplatz ausgeladen. Freies Feld ringsum. Keine Unterkunft, aber reichlich blauer Himmel. Auch keine Zäune, keine Wachposten. Nur gelegentlich fährt ein Jeep durch die Gegend wie ein Cowboy durch die Prärie. Wir sind in Eger, im Sudetenland. Zu essen gibt es tagelang nichts. Wir rupfen Löwenzahn. In einem Schuppen liegt ein Haufen Kalisalz. Damit würzen wir unsere in Blechbüchsen gekochte Löwenzahnsuppe. Unsere österreichischen Waffenbrüder zeigen Flagge. Irgendwo haben sie rote und weiße Lappen gefunden. Die flattern über ihren Erdlöchern. Sie wollen mit den Deutschen nichts mehr zu tun haben.

Dann verbreitet sich wie ein Lauffeuer die Nachricht, unser Lager auf dem Flugplatz würde den Russen übergeben. Ich bin nicht der Einzige, der von dieser Nachricht erschlagen ist. Auch nicht der Einzige, der in eine tiefe Depression verfällt.

Später stellt sich heraus, dass den Russen in jenen Tagen die von den Westmächten besetzten Länder Thüringen und Sachsen überlassen wurden. Dafür bekamen sie dann je einen Sektor in Berlin. In der Konsequenz räumten die Amerikaner auch die von ihnen besetzten Teile der Tschechoslowakei. Ich werde ihnen nie vergessen, dass sie uns mitgenommen haben. Auf den uns schon bekannten Lastwagen. Hinter jedem zweiten ein Jeep mit Maschinengewehr. Wir machen den Amerikanern verständliche Gesten, um zu signalisieren, dass wir dringend Wasser abschlagen müssen. Sie grinsen und sind nicht bereit, eine Pause zu machen. Schließlich schreiten wir zur Tat, indem wir unser Wasser über die Hinterklappe abschlagen. Eine neue Erfahrung: Man kann bewaffnete Mächte auch mit friedlichen Mitteln stoppen.

Viel später erfahren wir von den schrecklichen Verfolgungen, die die deutschstämmigen Bürger im Sudetenland und Böhmen ertragen mussten. Erst zu Hause lese ich, welchen schrecklichen Gräueln die Sudetendeutschen bei der Vertreibung aus ihrer Heimat ausgesetzt waren. Mir läuft es noch kalt den Rücken hinunter, wenn ich mir vorstelle, was man mit uns SS-Leuten gemacht hätte. Schließlich hatten die Deutschen die ganzen Bewohner des tschechischen Dorfes Lidice auf dem Gewissen, eines der schrecklichsten Verbrechen an der Zivilbevölkerung. Ohne den Schutz der Amerikaner hätten die Tschechen blutige Rache an uns geübt.

Unser nächstes Quartier war für uns, die aussortierten SS-Leute, sozusagen standesgemäß: Wir lagern auf dem Gelände der Reichsparteitage in Nürnberg, auf dem Zeppelinfeld.

Wir werden zur Arbeit eingesetzt, müssen Ziegelsteine durch eine Kette von 50 Leuten von einem Haufen auf einen anderen befördern. Höchstens ein Stein ist jeweils unterwegs. Ich leide noch immer unter den Folgen meiner Knochenbrüche und werde mit anderen Leidensgenossen in ein Versehrtenlager nach Wicklersgreuth gebracht. Wieder „Camping" auf einem Flugplatz. Es war schon Gras darüber gewachsen über den Feldflughafen. Immerhin war er noch mit Drahtzäunen umgeben. Wir sind wieder hinter Gittern. Gitter mit Löchern, durch die wir unsere Zettel mit Namen heraus stecken. Und die braven Wicklersgreuther Bürger stecken Brot und Wurst wieder hinein. Die Amis grinsen, drohen schon mal mit der Maschinenpistole und haben ihren Spaß, wenn wir uns – auch zum Spaß – zur Deckung auf den Boden werfen.

Beliebt ist auch das „Hühnerfüttern". Das geht so: Die Schwarzen stecken sich die großen Taschen auf ihren Khakihemden voll mit Zigaretten und streuen sie mit großer Geste unter das Volk. Am Aufpicken beteiligt sich jeder. Nicht nur die Raucher. Auch die Nichtraucher, denn Zigaretten sind ein begehrtes Zahlungsmittel. Den Begriff der Menschenwürde kennen wir nicht. Hauptsache Zigaretten. Nicht auszuschließen, dass die Sieger auch eine gewisse Genugtuung empfinden: Jene, die sich angeschickt hatten, die ganze Welt zu bezwingen, liegen nun vor ihnen auf den Knien und schnappen nach Zigaretten.

Eines Tages verkündet der Dolmetscher, man suche einen Mann, der mit einer Mähmaschine umgehen könne. Zweieinhalb Jahre hatte ich mich nicht ein einziges mal freiwillig gemeldet. Jetzt aber bin ich dabei. Ein tiefschwarzer Boy ist mein Chef. Er sitzt vorne auf einem kleinen Trecker und ich hinten auf der Mähmaschine. Er hat wenig zu tun und ich gar nichts. Das entsprach wohl nicht seinem Verständnis von Siegern und Besiegten.

Folglich muss ich auf die Zugkarre und er legt sich in die Mitten des Platzes. Manchmal winkt er freundlich mit der Maschinenpistole und macht auch mal ein Nickerchen. Meinem Bewacher zuliebe muss ich mehr rauchen, als mir behagt.

Bis er kommt und mit seinem Messer ein Loch in den Boden bohrt. Darüber legt er ein paar trockene Zweige. Auf ein Blatt Papier malt er ein Strichmännchen, legt es auf die Zweige und zündet alles an. Damals wusste ich noch nichts von Auschwitz, wohl von Dachau, wo schon früh uns bekannte Priester eingesperrt wurden. Erst später, als ich zu Hause von den Verbrechen Hitlers und denen seiner Genossen erfahre, ging mir auf, dass mein schwarzer Bewacher sich über mein Wissen, vielleicht sogar über meine Beteiligung an den Kriegsverbrechen informieren wollte.

Wenn ich bei meinen Aufenthalten in den Lazaretten nicht bemüht war, schnell wieder gesund zu werden, so ist es hier genau umgekehrt. Ich bin immer dabei, wenn die Gefangenen zu Arbeitseinsätzen abgeholt werden. Beliebt sind die nahrhaften Beschäftigungen. Zum Beispiel Fresspakete verladen. Wenn dabei ein Paket zu Bruch geht, ist das kein Unglück, sondern ein Glücksfall: Wir dürfen den Inhalt verputzen. Weil diese Glücksfälle aber allzu selten sind, werden sie herbeigeführt. Mit Hilfe eines Amis, der auf der Ladefläche seines Lastwagens steht, ein Paket stemmt, welches ihm unter entsetzlichen Flüchen aus den Händen gleitet und genau mit der Kante auf den Boden schlägt. Wieder Glück im Unglück. In der Folge konnen wir schon selbst solche Unglücke durchführen. Allerdings nur in erträglichem Rahmen. Denn den Inhalt verunglückter Pakete dürfen wir nicht nur, wir müssen ihn sogar verputzen. Erträglich ist *Corned Beef*, Mehl ist schrecklich.

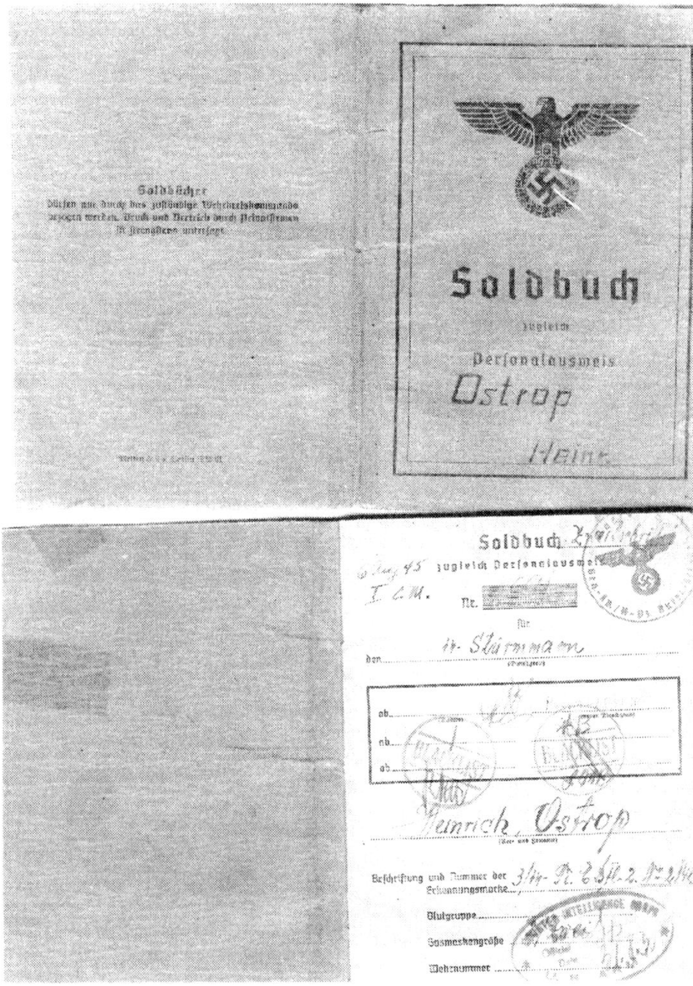

Das Soldbuch

Eine selten geniale Idee

Dann komme ich wieder aufs Parteitagsgelände und werde dem CIC vorgeführt, dem *Criminal Investigation Commander*, dem Geheimdienst der US-Army. Das geschieht in einer Baracke mit der kuriosesten Bibliothek, die ich je gesehen habe. Auf stählernen Regalen stehen hunderte Wälzer und Aktenordner, und in etlichen sucht man offensichtlich auch mich. Vergeblich. Sie wollen meine Heimatadresse wissen. Ich hatte irgendwo gehört, die Amerikaner hätten auch gegenüber ihren Waffenbrüdern in Deutschland Grenzen gezogen. Wenn Gefangene entlassen würden, dann nur in die amerikanische Zone. Deshalb gebe ich ganz einfach die hessische Heimatadresse meines Funkers an: Zwesten, Kreis Borken. Ich spekuliere. Wenn du tatsächlich eines Tages entlassen wirst, suchst du bei Kamerad Schröder II einen Unterschlupf. Und von dort eines Tages über die Grenze zu den Tommys, wo der münsterländische Kreis Borken liegt.

Selten ist mir eine so geniale Idee gekommen wie am 28. August des Jahres 1945 auf dem Reichsparteitagsgelände in Nürnberg. Denn einige Tage später brüllt der Lagerlautsprecher ein halbes Dutzend Namen ins Lager. Und meiner ist dabei.

In der Baracke sagt einer der Geheimdienstler doch tatsächlich: „*Go home.*“ Dann legt er noch nach und sagt mit dem schlechtesten, jemals gehörten Deutsch „Auf Wiedersehen“.

Diesen Augenblick kann ich nicht schildern: Zweieinhalb Jahre hat man um sich selbst, um die Angehörigen, um die Freunde und um die Heimat gebangt. Jetzt soll das mit zwei oder einem einzigen Wort erledigt sein?

Ich bekomme so etwas wie einen Entlassungsschein, auf dem meine Heimatadresse steht: Zwesten, Kreis Borken. Man gibt mir in einem Tütchen sogar Reisegeld mit auf den Weg. Mein Soldbuch allerdings, das wollen sie behalten. Man weist auf eine Kiste hin, die am Ausgang steht. Dort erwischt mich erneut ein Geistesblitz. Ich tunke mein Soldbuch in die Kiste – und nehme es gleich wieder heraus.

Ich besitze es noch heute. Im Jahre 2002 habe ich dem Historiker Professor Steiner – er ist Amerikaner und lehrt an einer Universität in Kalifornien – von meiner Odyssee als SS-Mann berichtet. Unser Dreistundengespräch hat er aufgezeichnet. Er hätte gern mein Soldbuch mitgenommen. Ich habe es gern behalten.

Heimkehr

Die Reise von Nürnberg nach Zwesten bei Kassel dauert Tage. Es gibt keinen geregelten Eisenbahnverkehr. Keine Buslinien. Man trampt und macht Anhalter, steigt in irgendeinen Zug. Nicht in der Hoffnung, der bringt dich nach Zwesten. Ist aber abends zufrieden, wieder ein bisschen näher rangekommen zu sein.

Ich klopfe an bei Schröder II. Papa und Mama Schröder, die Eltern von Karl, behandeln mich wie ihren eigenen Sohn. Karl, mein Freund und Kampfgefährte, ist noch nicht zu Hause. Aber er lebt und ist schon in der Normandie in englische Gefangenschaft geraten. „Du kannst unbefristet bei uns bleiben bis bessere Zeiten kommen", sagen seine Eltern.

Bevor ich in Schröders Betten steige, muss ich ein Geständnis machen: Ich sitze voller Flöhe. Es können auch Läuse dazwischen sein. Ein schönes Mitbringsel vom Reichsparteitagsgelände. Mutter Schröder meint, das mache nichts. Her die Klamotten und ‚rin' in den Kochtopf. Ich schlafe in Karls Bett wie in einem Himmelbett.

Telefonieren kann man nicht. Briefe werden bestimmt nicht nach Vinnum gebracht. Bei allem Glück über die eigene Freiheit bleibt die Ungewissheit über das Schicksal der eigenen Familie. Bald erfahre ich, dass jeden Tag ein Zug bei Korbach über die Grenze in die britisch besetzte Zone fährt. Reichlich ausgestattet mit Stullen und einer ganzen Wurst fährt der SS-Sturmmann Ostrop eines frühen Morgens vom amerikanischen Sektor in den britischen. Kontrolliert wird nicht. Und würde man mich prüfen, so war ich entschlossen, den Amis oder Tommys den mir von dem renommiertesten Geheimdienst der US-Army, dem *Criminal Investigation Commander* ausgestellten Marschbefehl nach Zwesten im Kreis Borken unter die Nase zu halten. Und bitte schön: der Kreis Borken liegt in der britischen Zone.

Dann finde ich auf einem hessischen Bahnhof doch tatsächlich einen Zug, der nach Hamm in Westfalen fährt. Weder im Zug noch an der Grenze zwischen Deutsch-Amerika und Deutsch-Britannien bei Korbach interessiert sich jemand für mich. Tatsächlich komme ich bis Hamm. Ich kann mein Glück kaum fassen, als mir eine Frau berichtet, es fahre täglich ein Autobus von Hamm nach Lüdinghausen.

An einem Haltepunkt warte ich lange vergeblich. Erst muss noch ein Blindgänger gesprengt werden. Der Bus ist schon picke packe voll. Die meisten Fahrgäste sind russische oder polnische Kriegsgefangene. Sie begießen ihre Freiheit mit Hochprozentigem. Einer hält mir sogar die Flasche an den Mund. Ich mache einen ersten Schluck auf die deutsch-russische Freundschaft, bleibe aber gespannt und misstrauisch, denn in meiner Rocktasche befindet sich mein SS-Soldbuch. Nicht auszudenken, wenn meine Reisegenossen gewusst hätten, wen sie da mit ihrem Schnaps getränkt haben.

Der Bus fährt über Nordkirchen und hält auf meine Bitte an der Kneipe Hülswitt an der Straße von Selm nach Lüdinghausen. Der Wirt hat gerade angespannt und ich fahre mit seiner Kutsche bis zum Bahnhof Selm. Ich laufe in Richtung Heimat. Eine Frau steht in der Haustür und ruft in heimatlichem Platt:

„*Wo küms du dann her?*“
„*Ut Gefangenschaft.*“
„*We büs du dann?*“
„*Ick sin Ostrop van Vinnum.*“
„*Büs du Ostrops Hennerich sin Souhn?*“
„*Jau.*“
„*Dann fös du met use Rad no Hus.*“

Auf diese Weise komme ich mit einem Damenrad aus der Kriegsgefangenschaft.

Unten in der Heide kommt mir Wulfert's Toni entgegen. Toni war die Postbotin in Vinnum. Ich erfahre, dass Ostrops alle leben. „*Öwe inke Papa de is ziemlik krank.*“

Als ich die Tür öffne, sehe ich meinen Vater und alle anderen.

Weitere Einzelheiten habe ich nicht in Erinnerung, was mir heute noch seltsam erscheint. Wahrscheinlich war mir vor Freude und Glück schwindelig. Deshalb versuche ich nicht, es auszumalen. Sicher aber bin ich, dass es der 5.9.1945 war, der fünfte September Neunzehnhundertfünfundvierzig. Ich trug mich mit dem Gedanken, diesen Tag in einen Balken unseres Hofes einzukerben. Mit der Überschrift: „*Deo gratias*".

Mein Vater musste bald nach meiner Heimkehr operiert werden. Auf seinem Nachttisch lag ein Aufruf zur Gründung einer christlichen Partei. Er starb schon zu Beginn des Jahres 1946 im Alter von 57 Jahren.

Ob es einem Sohn zusteht, seinen Vater für einen großen Mann zu halten? Das mag vermessen sein. Für mich war er das. Noch 60 Jahre nach seinem Tod bin ich froh und dankbar, dass wir diesen Vater hatten.

Wie viele andere Heimkehrer war ich überzeugt: Das darf nie wieder passieren. Ich gehörte bald zu den Gründern einer katholischen Landjugendbewegung. Wir hatten eine Jahresparole. Der Heilige Paulus hatte sie aufgeschrieben: „Du kannst die Welt verändern."

Später trafen wir uns im Dom zu Altenberg. Dort lernte ich Heinrich Köppler kennen. Viele Jahre später waren wir wieder zusammen. Er war Fraktionsvorsitzender der CDU im Düsseldorfer Landtag, ich sein Stellvertreter und bester Freund. Heinrich Köppler ist kurz vor einer Landtagswahl einem Herzinfarkt erlegen. Vorher war ich mit ihm auf einem Spaziergang im Sauerland. Wir haben unsere Anoraks vertauscht. Heinrich Köpplers Anorak hängt noch immer in meinem Kleiderschrank.

Unsere Mutter wurde von einem langen Leiden erlöst. Sie starb in der Universitätsklinik in Münster. Dort lag sie unter einem Sauerstoffzelt. Bei unserem letzten Besuch meinte sie:

> „*Dat ik antlest noch Camping maken mot, dat hä ik nich dacht.*"

Als Mutter starb, jährte sich der Begräbnistag unseres Vaters zum zehnten Mal. Auch Mutter ist nur 57 Jahre alt geworden.

Bis hierher

An dieser Stelle will ich meinen Bericht vorläufig beenden. Vielleicht schreibe ich irgendwann

> über die zehn Jahre auf dem elterlichen Hof,
> über die 35 Jahre als Jugendreferent unter dem Krummstab des Bischofs von Münster,
> über zehn Jahre als Schriftleiter einer Monatszeitschrift,
> über zwanzig Jahre als Abgeordneter des Landtags,
> über 25 Jahre als Aufsichtsratsvorsitzender eines Versicherungskonzerns,
> über 20 Jahre Rundfunkrat beim WDR in Köln,
> über 56 Jahre Mitgliedschaft und verantwortliche Positionen in der CDU.

Dies alles geschah nicht hintereinander, meist nebeneinander, oft übereinander. Wenn daraus oft ein Durcheinander wurde, so mögen mir alle verzeihen, denen ich nicht gerecht geworden bin. Ich hätte Zeit genug gehabt, das Wichtige zu tun. Mir fehlten oft Ruhe und Vertrauen und Großmut, Unwichtiges zu lassen. Und auch die Gnade, das eine von dem anderen zu unterscheiden.

Meine Frau, hat mich schon bald 50 Jahre liebend begleitet. Wir möchten gern noch ein wenig weitermachen. Unsere Kinder Maria und Markus und Agnes und Teresa haben längst ein eigenes „zu Hause“. Sie sind weit weg und doch mit Mutter und Vater eng verbunden.

Ich danke Kurt Biedenkopf und Fritz Pleitgen, weil sie mich in ihre Mitte genommen haben. Man möge ihnen verzeihen, weil sie – ansonsten stets sachlich und nüchtern – ihre Melodien auf den Verfasser dieser Schrift in sehr hohen Tönen gesungen haben. Mir möge man nachsehen, dass ich es mit Freude gelesen habe.

Münster, im Dezember 2005